JN300057

売り場改善のプロが教える

売れる!! 手描きPOP

さとうちゅうせい 著

マール社

お店の"気持ち"がお客さまに伝わる！

…人の香りがする手描きの味わい

手で描く温かみで販売促進効果を狙う！

　いつの時代も、そこにお店がある限りPOP広告は存在します。また、販売を促進させるという点で必要不可欠な広告です。パソコンで作られた広告が主流を占める中で、手描きの広告は即興性、注目度などの点で存在感を放ちます。しかし、POP広告の生産性、経費削減、省力化などの利点を考えれば、機械的なパソコンの方が効率的に優れていることは言うまでもありません。

　パソコンで使うフォントの中には、"手描き風"な味わいのものもあり、仕上がり感が柔らかです。お店の中全体で画一的にPOP広告作りをするとなれば、この方法でも良いでしょう。しかし、店内のイメージ作りにも関係してくるので、扱う商品によってはこのようなフォントは吟味が必要です。スーパーマーケットの場合とファッションブティックの場合など、業種の違いで使い分けるような形です。

　ならば純粋に手描きで作った方が良いと思えるのはどんな時でしょうか。
　それは次の3つのケースです。

★ 少量生産で進めたい時（限られたアイテムのみやコーナーのみ）
★ 今すぐ即興で作りたい時（見切り、本日だけのお知らせなど）
★ お店全体を常に手づくり感覚で訴求したい時（計画的な展開）

　多くのお店の場合、大半をパソコンで制作し、一部分をその都度手描きで対応していくのが販促として有効のように思います。お店側からすると、「この時、このタイミング、この商品」は是非手描きでストレートに伝えたいというケースがあるはずです。そのような必要性に合わせて、パソコンと手描きを使い分けると良いでしょう。

　手描きの優れた技術がなくても、要点をていねいに描いてありさえすれば、お客さまは必ず気付いてくれます。手描きだからこそ気持ちが伝わる、信頼度がある、安心感、癒し感があるように思います。手描きPOPは癒しの広告なのです。少量のもの、スポット的なものは是非"手描き"でその思いを描いて、お客さまの心を掴んでください。

目次

お店の"気持ち"がお客さまに伝わる！…人の香りがする手描きの味わい　2
いろいろなPOP　4

第一章　基本編　7

POP広告を知ろう　8
1. POPってなに？　8
2. POP広告の位置付け　9
3. POP広告をパワフルに工夫・活用！　9
4. POP広告を取り付ける方法は？　10
描きやすい用紙はどれ？　12
用紙について　12
使いやすいマーカーペンはどれ？　14
1. マーカーペンについて　14
2. ペンの種類と使い分け　14
3. いろいろなマーカー　15
4. マーカーペンの持ち方　16
基本練習：
極太ペンでプライスを描いてみよう　17
斜角ペンで角ゴシック体にチャレンジ!!　25
数字を描く　25
カタカナを描く　28
ひらがなを描く　31
漢字を描く　34
丸ペンで丸ゴシック体にチャレンジ!!　37
数字を描く　37
カタカナを描く　39
ひらがなを描く　44
漢字を描く　53
アルファベットを描く　56
斜角ペンや丸ペンで描いた作例　58

第二章　プライスカード　59

プライスカードについて　60
プライスカードにおける文字のレイアウト　62
プライスカードの基本レイアウト　64
プライスカードの色彩はどうする？　66
プライスカードの基本配色と用紙の形　67
プライスカードに使える図形や飾り　68
白色用紙と黄色用紙の使い分け　70
黄色用紙使用の売り場チェックと改善点　71
［応用］プライスカードのいろいろなレイアウト　72

第三章　ショーカード　77

ショーカードについて　78
デザイン文字を描こう　80
色彩について考えよう　86
タイトル文字＋コピー＋飾りでまとめよう　88
POP広告におけるキャッチコピー　90
POP広告におけるイラスト　92
レイアウトについて　99
POP広告でビフォー＆アフター　106

第四章　応用編　109

POP広告にコラージュを活用する　110
コラージュPOPの作り方…ショーカード作成　112
毛筆でPOPを描く！　114
ボード用マーカーでブラックボードPOPにチャレンジ！　123

いろいろなPOP

プライスカード作例

正価販売時のPOP

店長おすすめの一品♡
意外にマッチする不思議な味わい！
抹茶 きなこ
わらび餅
コーヒーとセットで
¥700

正価販売時のPOP

このままお風呂に入れたら
お手軽ひのき風呂！
うす〜い
ひのき板
1枚 20ﾓﾝ

特売時のPOP

食感やわらか！
すっぱくなくとっても甘い！
秋田紅あかり
1コ 300円

特売時のPOP

SALE
ショーケースの全商品
通常ご奉仕価格より
在庫処分 25%OFF

ショーカード作例

サービス案内のPOP

アンケートプレゼント
今、アンケートにお答えいただくと、ティッシュBOXを1箱プレゼント!!

商品説明のPOP

青魚サプリ
◎体では作れないn-3系必須脂肪酸を補給しましょう！
DHAがたっぷり！
メバチマグロやキハダマグロが原料になっています
こんなときこんな方に！
★魚をあまり食べない人
★パソコンで目を使う人

メッセージPOP

心
贈り物ってなのよねぇ…
でもいいお茶ほしいわ

サービス案内のPOP

おしゃれなNEWS
……少しおさえ気味のカラーリングが今年のポイント！

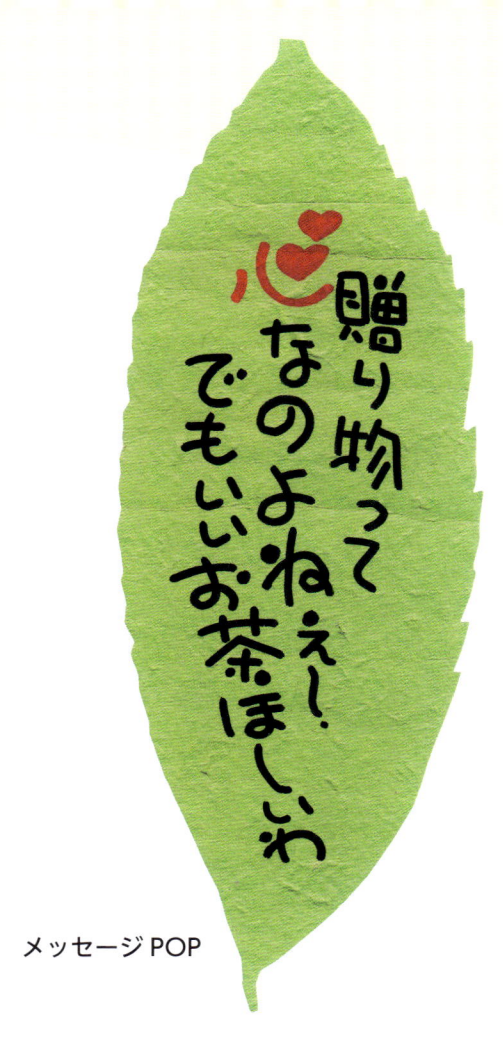

商品説明のPOP

今年のバッグは軽くて丈夫！しかも撥水！

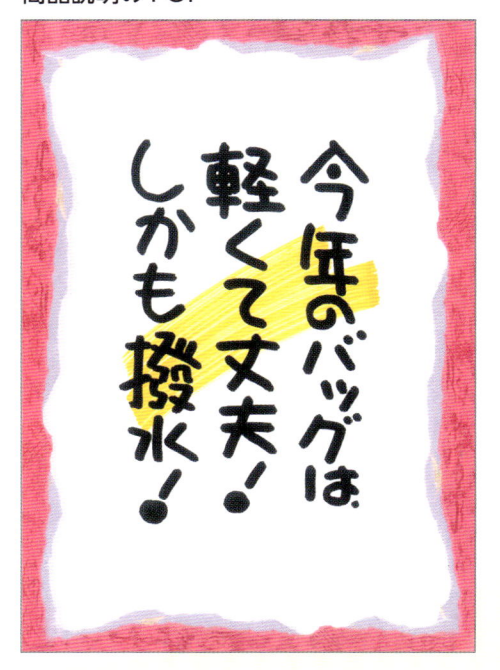

応用作例

基本形から応用までの POP パターン

レベル1
こどしも出そろいました、初夏の香り〜♪
大好評！新茶ギフト

最初は明朝風書体で

レベル2
こどしも出そろいました、初夏の香り〜♪
大好評！新茶ギフト

今度は角ゴシック風書体で

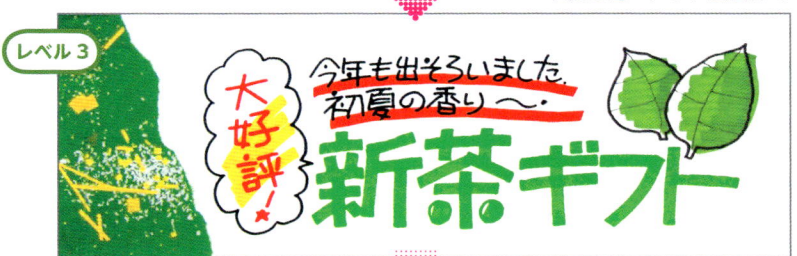

レベル3
今年も出そろいました、初夏の香り〜♪
大好評！**新茶ギフト**

和紙でコラージュに挑戦！

レベル4
今年も出そろいました、初夏の香り！
大好評！**新茶ギフト**

慣れてきたらデザイン文字で完璧!!

ブラックボード POP

成人式 振袖
レンタル
来年の成人式に
まだ間に合います！
11/1 → 11/15 まで
振袖セット
レンタル一式
¥52,500〜

超カワイイ！
ネイル
● カラーリング
● 3Dアート
● グラデーション
サンプル色々あります
ちょっとのぞいてみて！

毛筆 POP

麩まんじゅう
@生麩であんを包みました！
もっちりした食感と上品な甘さです

第一章

基本編

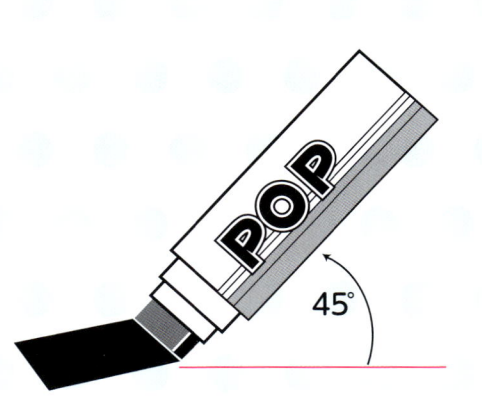

POP広告を知ろう

① POPってなに？

買い物の手助けをする広告！

POINT OF PURCHASE
ポイント（場所）　パーチェス（購入する）

P.O.P.＝買い物をする場所という意味です。'POP ADVERTISING'で、'買い物をする場所の広告'となります。つまり、購買時点で直接、来店客に商品やサービスの特色や魅力を説明する広告のことを指します。

POPはアメリカ生まれ！

1930年代にアメリカで、スーパーマーケット方式が生まれました。セルフ方式の小売りです。欲しい物を手軽に選んで、欲しいだけ買う方式です。その販売の手助け役としてPOP広告が生まれました。日本には1955年（昭和30年）に上陸！

お店と来店客を結ぶPOP

お店に来店してもらって、気に入った商品を買ってもらうには、接客の他にPOP広告の力が必要です。販売員がその場にいなくても、POPで説明が書いてあれば売れ行きが良くなる商品もあります。お店の姿勢が自然と結びつきを深めます。

POP広告は直接広告！

広告の中でも来店客に直接PRするのは、POP広告だけです。広範囲に告知する集客広告とは違い、その場で買わせる広告です。

POP広告の種類

- プライス表示のPOP
- 商品説明のPOP
- タイトルPOP
- ご案内のPOP
- 誘導するPOP
- 飾るPOP
- メッセージPOP…etc

❷ POP広告の位置付け

店舗内外の販促ツールの役割と関連性

第一章　基本編

集客促進

電波媒体＝無差別
- テレビ
- ラジオ

印刷媒体＝特定地域告知
- チラシ
- DM
- 新聞

仮想商店街
- インターネット
- テレビショッピング

POPやチラシを兼ねる

ネットはホームページが商店

店までの誘導

野立て看板
店頭看板

購買促進

数あるお店の中からようこそ当店へ…

激安
SHOP
POP
のれん

買わせる広告

告知と店内誘導

❸ POP広告をパワフルに工夫・活用！

POP広告でムードUP!

お店の中は商品でいっぱいです。買いやすい売り場を作るのにPOP広告は欠かせません。POPで親切にPR、POPで迫力を出しているお店こそ活気も生まれます。販売員の意気込みが表れるのがPOPです。

新鮮なPOP広告を付けよう！

POPはいつも新しく、きれいで最新の情報を書き入れましょう。商品も引き立ちます。色焼け・曲がったPOPは付け替えましょう。

POP広告で売り上げUP!

POP広告で売り上げが変わるってホント？？
POPを付けたら売れた！　という話はよくあります。POP広告にはお客様が欲しい情報が書いてあるかどうかが大切です。
価格にお値打ち感があるか、他の商品と比較してどこがいいのかが表示されていなければなりません。
見やすく簡潔なPOPに軍配あり!!

POP広告を知ろう

④ POP広告を取り付ける方法は？

- 吊り下げる
- 置く
- 突き出す
- 貼る

各POP広告の役割は…
1. 売り場や催事場へ案内する。
2. 買い手の手助けをする。
3. 商品説明をし、さらに購買を促す。
4. 商品演出の手助けをする。
5. 店内をムードアップする。

貼る

壁・売り台などに貼る。商品にピン止めするのも含む。
★適した場所＝ウォール（壁）、シェルフ（棚）、フロアー（床）、ウィンドー

突き出す

棚の一部、商品の間から突き出している。側面からの注視率バツグン！
★適した場所＝シェルフ（棚）、ハンガー

置く

棚の上や台の上に置いてPRする。
★適した場所＝シェルフ（棚）、ショーケース、フロアー（床）、ウィンドー内、平台

貼る

床などに貼る。
★適した場所＝フロアー（床）、ウォール（壁）、シェルフ（棚）、ウィンドー

吊り下げる

天井空間につけるので、離れたところからよく目立つ。
★適した場所＝天井、ウィンドー

突き出す

棚の一部、商品の間から突き出している。側面からの注視率バツグン！
★適した場所＝シェルフ（棚）、ハンガー

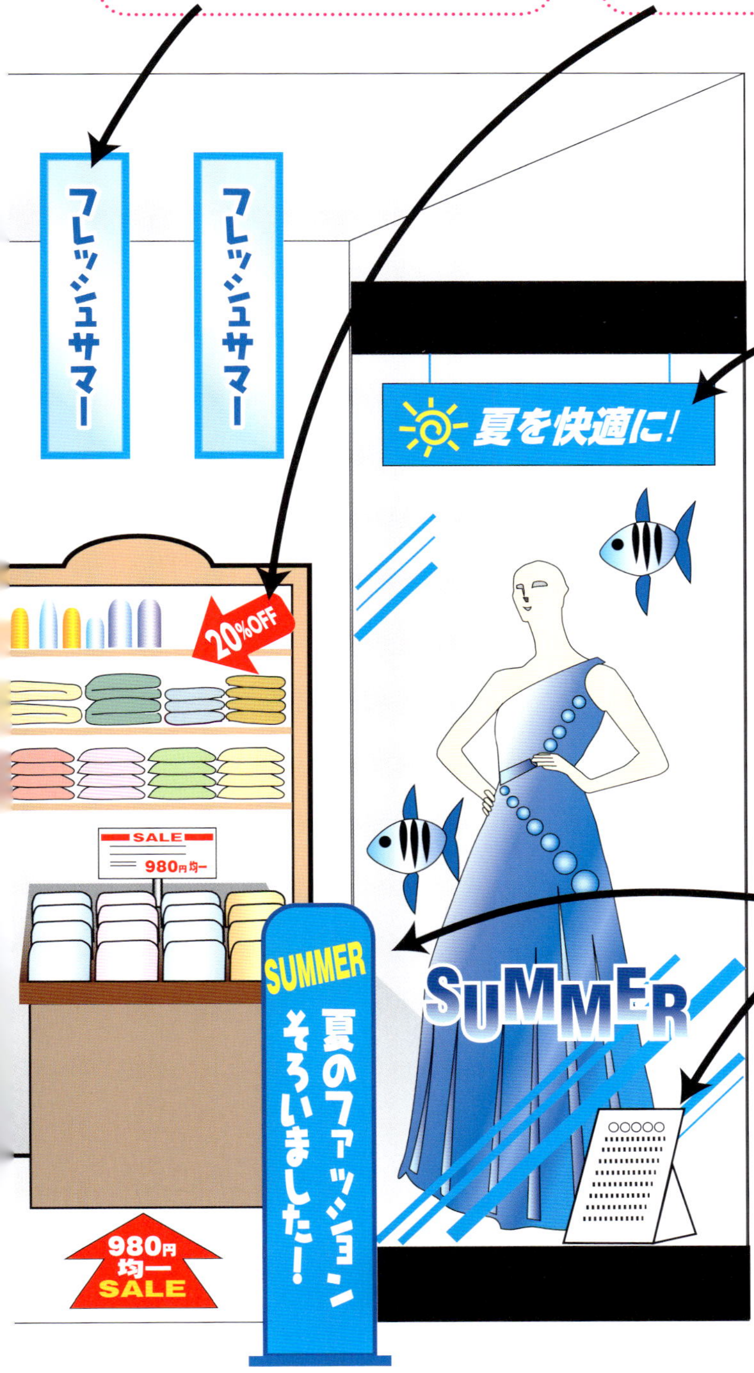

吊り下げる

天井空間につけるので、離れたところからよく目立つ。
★適した場所＝天井、ウィンドー

置く

床や台の上に置いてPRする。
★適した場所＝フロアー（床）、ウィンドー内、シェルフ（棚）、ショーケース、平台

第一章　基本編

床上約160cm
ゴールデンゾーン
床上約60cm

ゴールデンゾーン（ゴールデンスペース）とは、目線が届きやすく、手に取りやすい範囲のことです。主力商品・重点商品をこの範囲に陳列し、POP広告を取り付けることで商品の売れ行きも良くなります。

POP広告を知ろう　11

描きやすい用紙はどれ？

◯ 用紙について

マーカーペンを使う場合は、にじみが少ない紙が良いでしょう。POP広告を描く場合は、マット紙かケント紙、コート紙がもっとも使いやすいです。平滑性が高い（凸凹が少ない）ほど良いでしょう。

ケント紙＝白味が非常に強い。マーカーの滑りも良好。
マット紙＝つや消しで滑りが良く、非常に使いやすい。
コート紙＝光沢がある。滑りが良く、使いやすい。
上質紙＝使いやすい。うす手は水分で反りやすい。

> ケント紙はマーカーペンやポスターカラーの色ののりがバツグン！

平滑性のランク

←平滑性高い　　　　　　　　　　　　　　　　平滑性低い→

◎アート紙　◎コート紙　◎マット紙　◎ケント紙　◯上質紙　-------- 画用紙　　　マーメイド紙　コットン紙

◎非常に適している
◯割と適している

市販の用紙

市販のPOP用紙の一例を紹介します。コート紙、マット紙、上質紙など、平滑性の高い用紙が使われています。どれもマーカーのインクがのりやすいものばかりです。

紙とマーカーペンの適性

【ケント紙に水性透明マーカーでふちどりしたPOPの例】
白味が強い紙なので、透明マーカーで描くと明るくすっきりして見えます。

【色上質紙に油性マーカーで描いたPOPの例】
掲示後何日かすると色があせてくるので注意。

【コート紙に水性不透明マーカーで描いたPOPの例】
水気のある場所なので、耐水性のあるインクを選びました。さらにラミネート加工をしています。

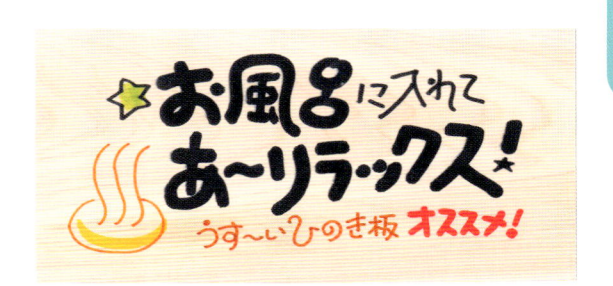

【用紙以外の例…木の板】
表面が平たんなものであれば用紙と同じようにマーカーが使えます。この例では、水性透明タイプの顔料マーカーを使用しています。

マーカー適性一覧表　◎非常に適している　○割と適している　△適していない

紙の種類	適性			特　長
	油性	水性透明	水性不透明	
コート紙	◎	◎	◎	少し光沢がある。コシがある。色のりOK!
マット紙	◎	◎	◎	つや消しタイプ。コシがある。色のりOK!
ケント紙	◎	◎	◎	白味が強く美しい。コシがある。色のりOK!
上質紙	◎	◎	◎	厚手のみ適性あり。平滑性あり。色のりOK!
画用紙	○	○	○	平滑性弱いが使える。コシがある。色のりOK!
コットン紙	○	○	△	毛羽立つが使える。大きな文字を描く時に向く。
マーメイド紙	○	○	△	平滑性なし。筆で描く時に向く。

　筆者はどれを使っているのかと言いますと、手描きには、マット紙かケント紙です。うす手の上質紙に描く場合もありますが、その場合は、仕上げにラミネート加工をします。水や汚れにも強いです！

市販のPOP用紙には、マット紙や上質紙が多いよ！"SALE""お買い得品"の文字が印刷されているので、あとはPOPを描くだけ！ポスターカラーを使う時には、マーメイド紙を使う時もあるよ！

第一章　基本編

描きやすい用紙はどれ？

使いやすいマーカーペンはどれ？

① マーカーペンについて

<水性の特徴>

- 発色性バツグン！
- 油性よりも明るく濃い。
- 小さな文字もにじまず美しく描ける。
- 乾くと耐水性があるものもある。
- 耐光性があるため日に焼けにくい（顔料タイプ）。
- 何にでも描ける。
- 透明/不透明がある。
  （最近は顔料タイプのものが主流）
- 重ね描きすると下の色が隠れるのが不透明インク。
- 乾きが若干遅い。

<油性の特徴>

- にじみが出るが、何にでも描ける。
- 速乾性でスピーディーに描ける。
- 耐水性があり、水ぬれなどの生鮮品に向く。
- 発色性は弱い。
- 透明感はない。

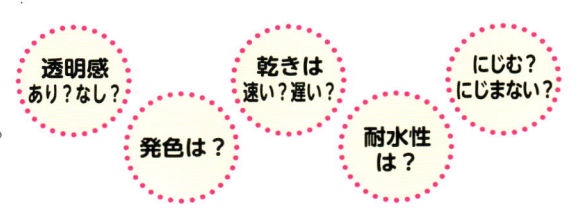

透明感あり？なし？　乾きは速い？遅い？　にじむ？にじまない？　発色は？　耐水性は？

② ペンの種類と使い分け

POP広告制作で比較的よく使うマーカーペンは、大きく分けて次の4種類です。
ケースバイケースで使い分けが必要です。

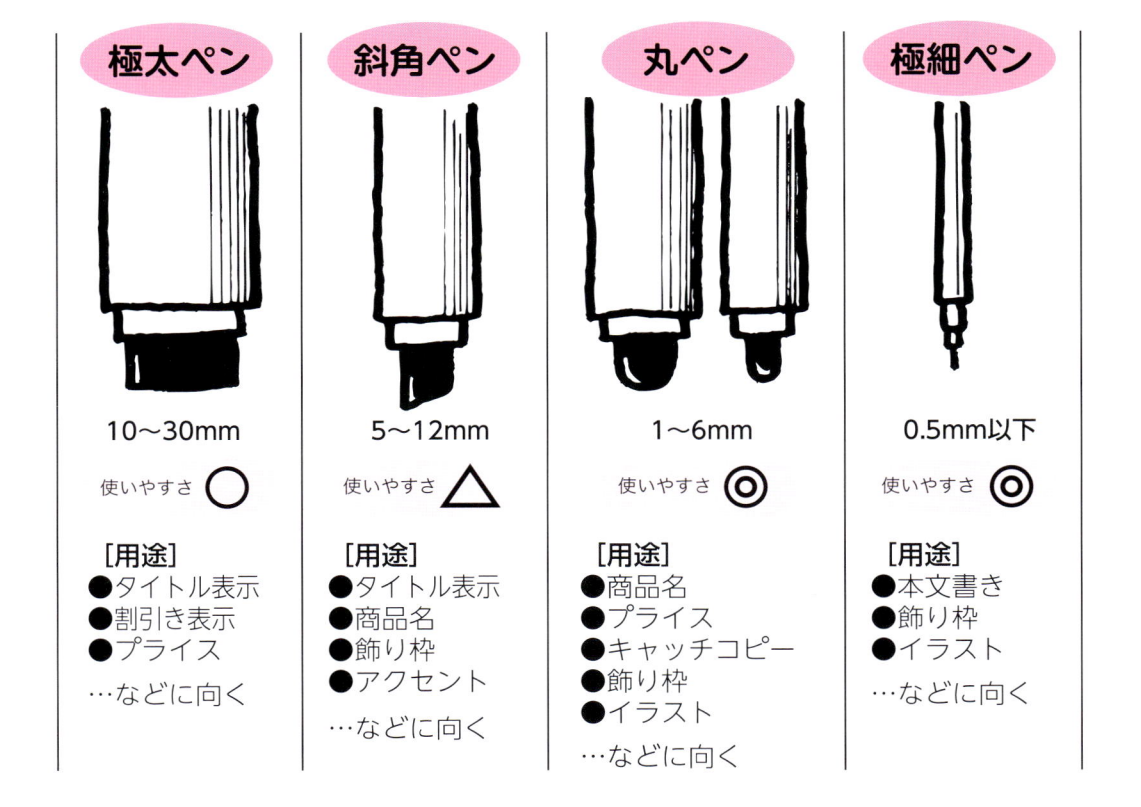

極太ペン	斜角ペン	丸ペン	極細ペン
10～30mm	5～12mm	1～6mm	0.5mm以下
使いやすさ ○	使いやすさ △	使いやすさ ◎	使いやすさ ◎

極太ペン [用途]
- タイトル表示
- 割引き表示
- プライス
…などに向く

斜角ペン [用途]
- タイトル表示
- 商品名
- 飾り枠
- アクセント
…などに向く

丸ペン [用途]
- 商品名
- プライス
- キャッチコピー
- 飾り枠
- イラスト
…などに向く

極細ペン [用途]
- 本文書き
- 飾り枠
- イラスト
…などに向く

③ いろいろなマーカー

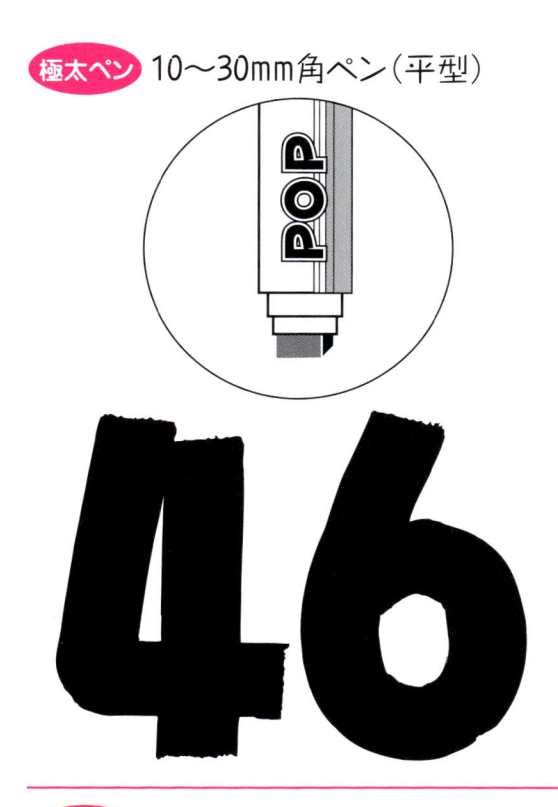

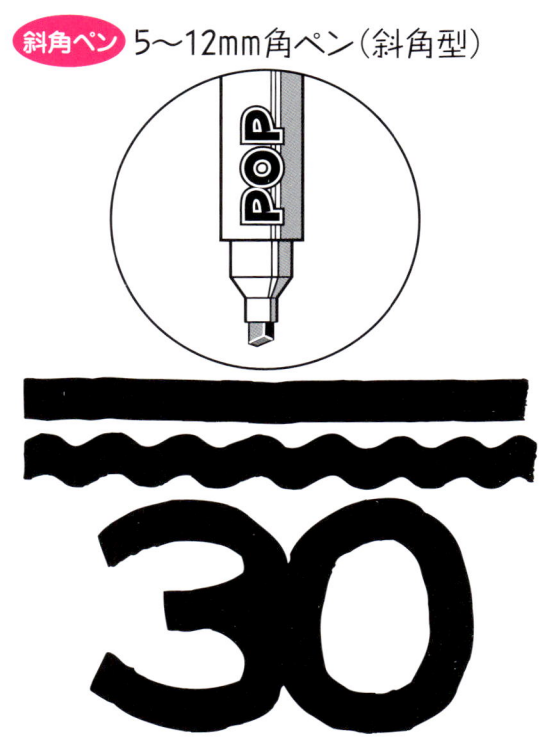

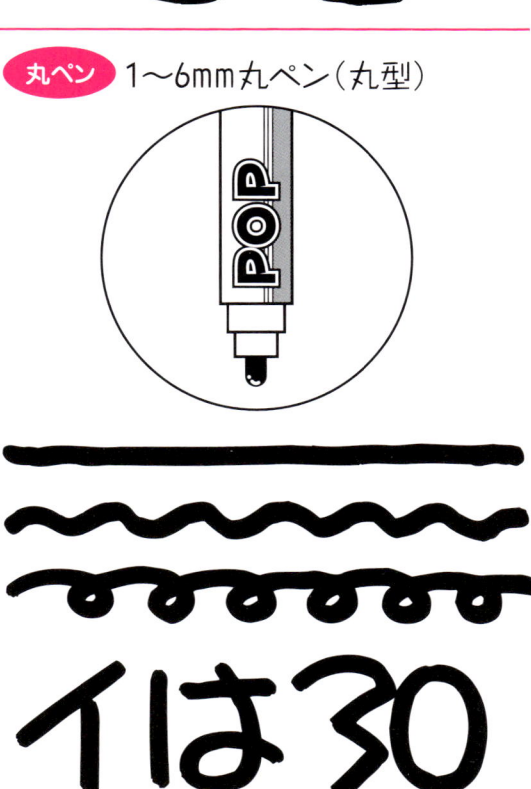

極太ペン 10〜30mm角ペン（平型）

斜角ペン 5〜12mm角ペン（斜角型）

丸ペン 6mm丸ペン（平型）

丸ペン 1〜6mm丸ペン（丸型）

第一章 基本編

使いやすいマーカーペンはどれ？

④ マーカーペンの持ち方

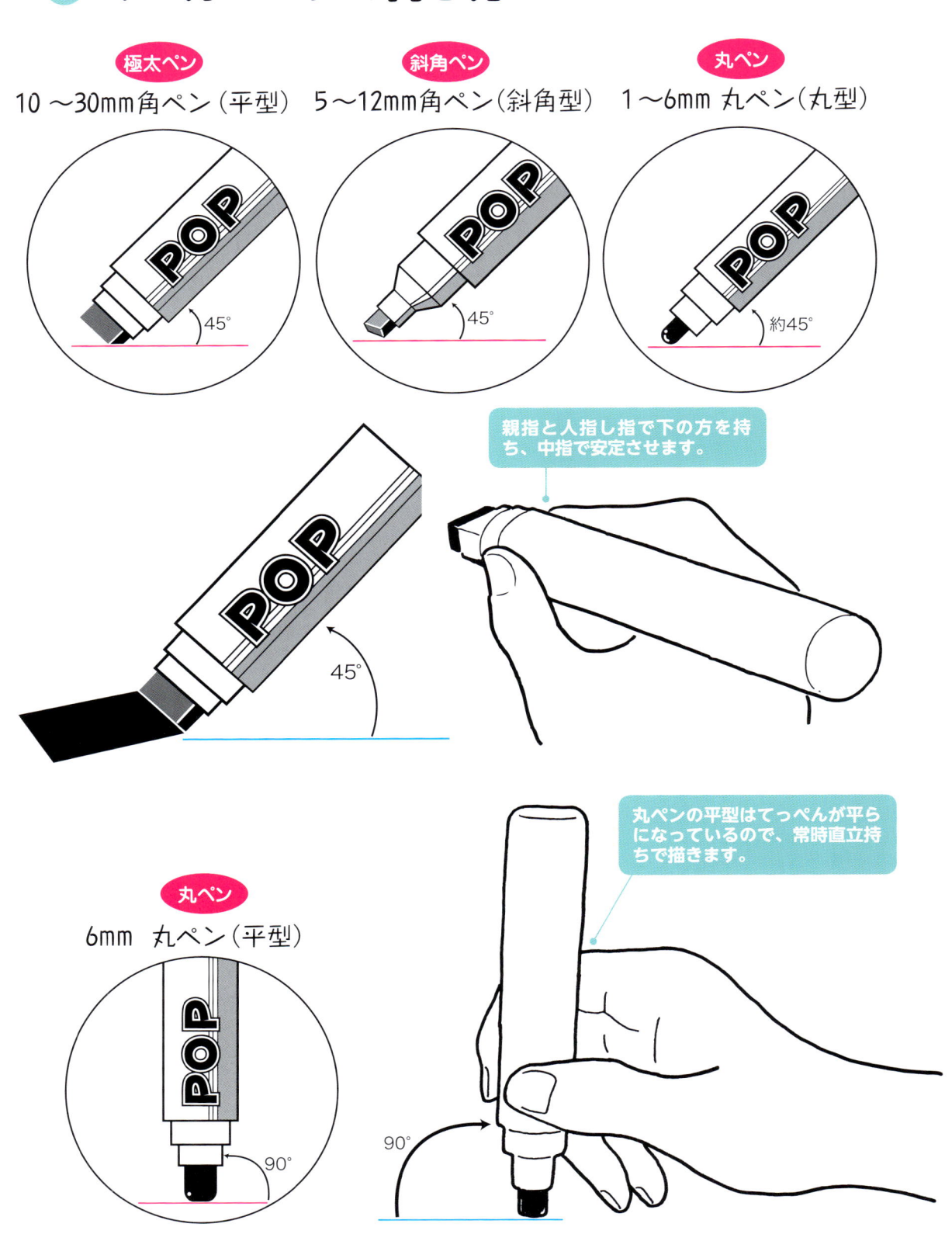

極太ペン
10〜30mm角ペン（平型）
45°

斜角ペン
5〜12mm角ペン（斜角型）
45°

丸ペン
1〜6mm 丸ペン（丸型）
約45°

45°

親指と人指し指で下の方を持ち、中指で安定させます。

丸ペン
6mm 丸ペン（平型）
90°

90°

丸ペンの平型はてっぺんが平らになっているので、常時直立持ちで描きます。

使いやすいマーカーペンはどれ？

基本練習

極太ペンでプライスを描いてみよう

直線を描いてみよう　15mm角ペン（平型）

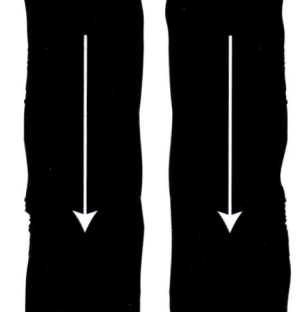

コーナーを描いてみよう（ワンストロークで）

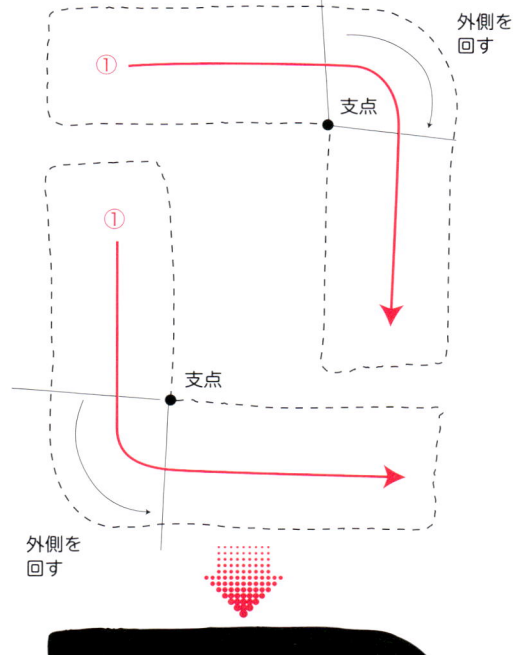

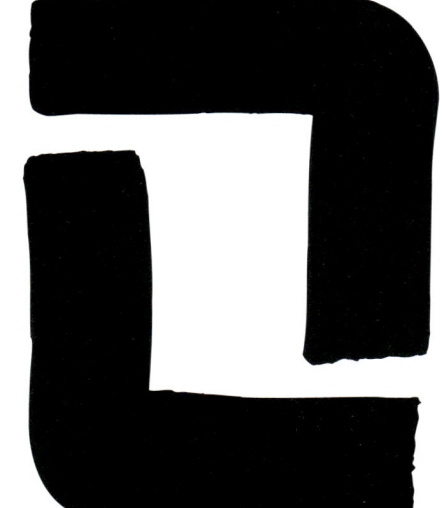

①　外側を回す　支点

①　支点　外側を回す

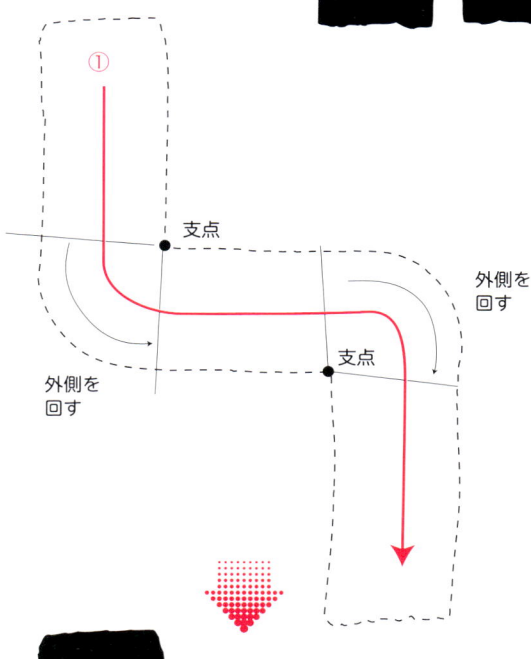

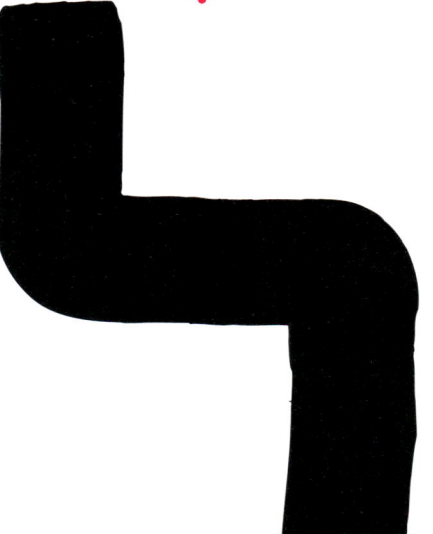

外側を回す　支点

支点　外側を回す

第一章　基本編

直線　コーナー　極太ペンでプライスを描いてみよう

17

ジグザグを描いてみよう（ワンストロークで）

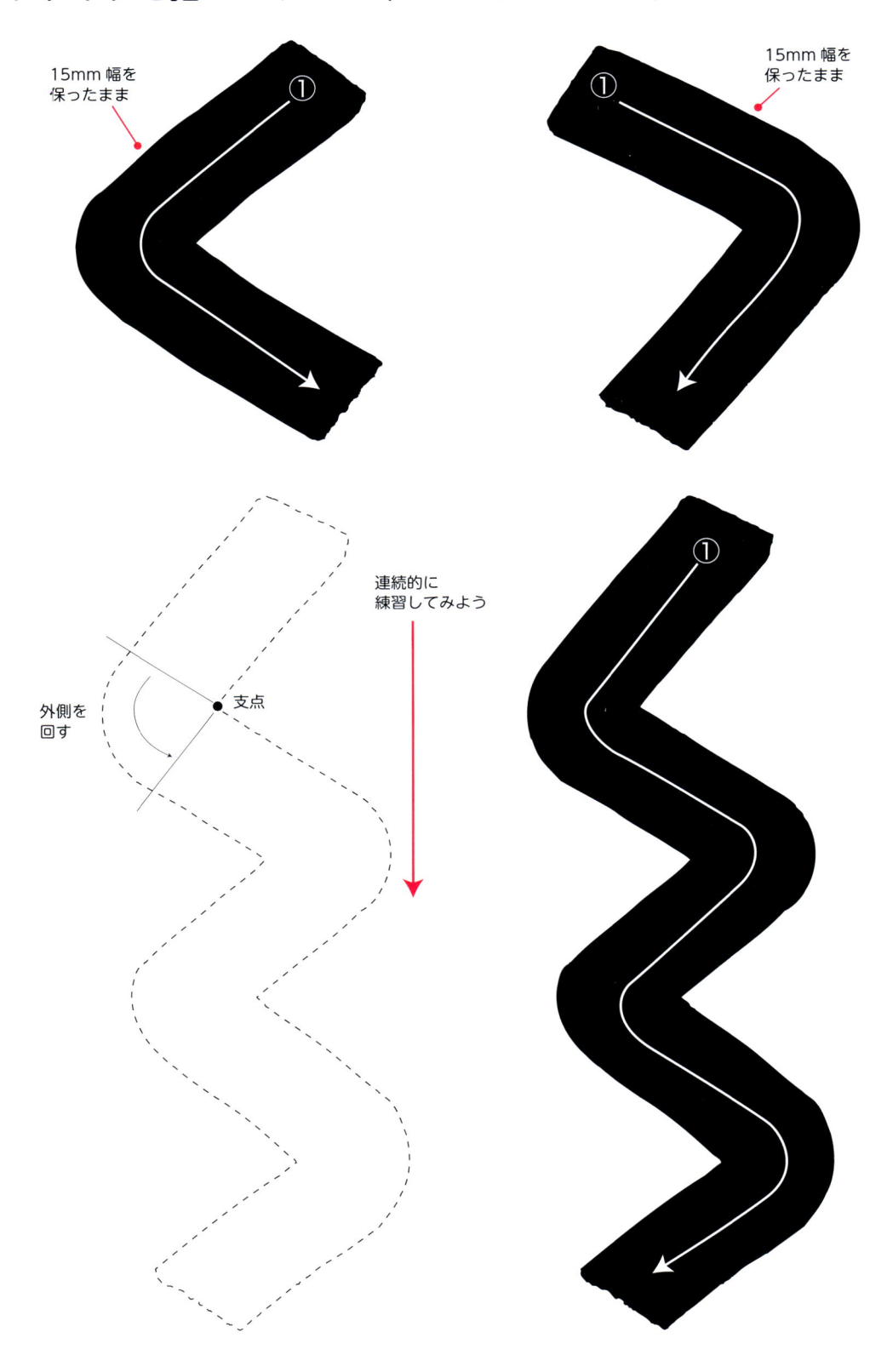

15mm幅を保ったまま

15mm幅を保ったまま

外側を回す

支点

連続的に練習してみよう

円を描いてみよう（2ストロークで）

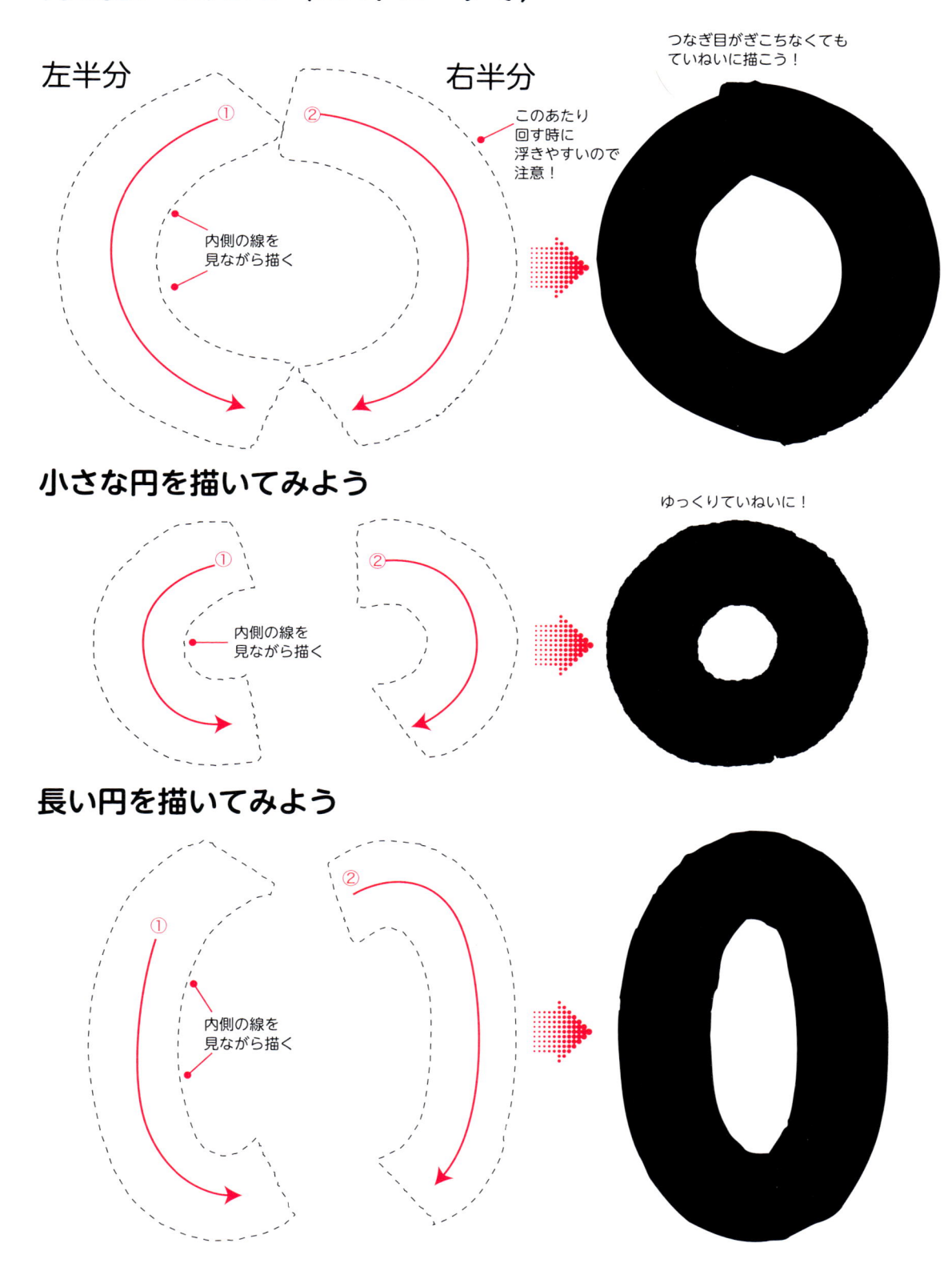

左半分 ① ② **右半分**

つなぎ目がぎこちなくても
ていねいに描こう！

このあたり
回す時に
浮きやすいので
注意！

内側の線を
見ながら描く

小さな円を描いてみよう

内側の線を
見ながら描く

ゆっくりていねいに！

長い円を描いてみよう

内側の線を
見ながら描く

第一章　基本編

円　小さい円　長い円　極太ペンでプライスを描いてみよう

19

数字を描いてみよう

直線描きにチャレンジ！

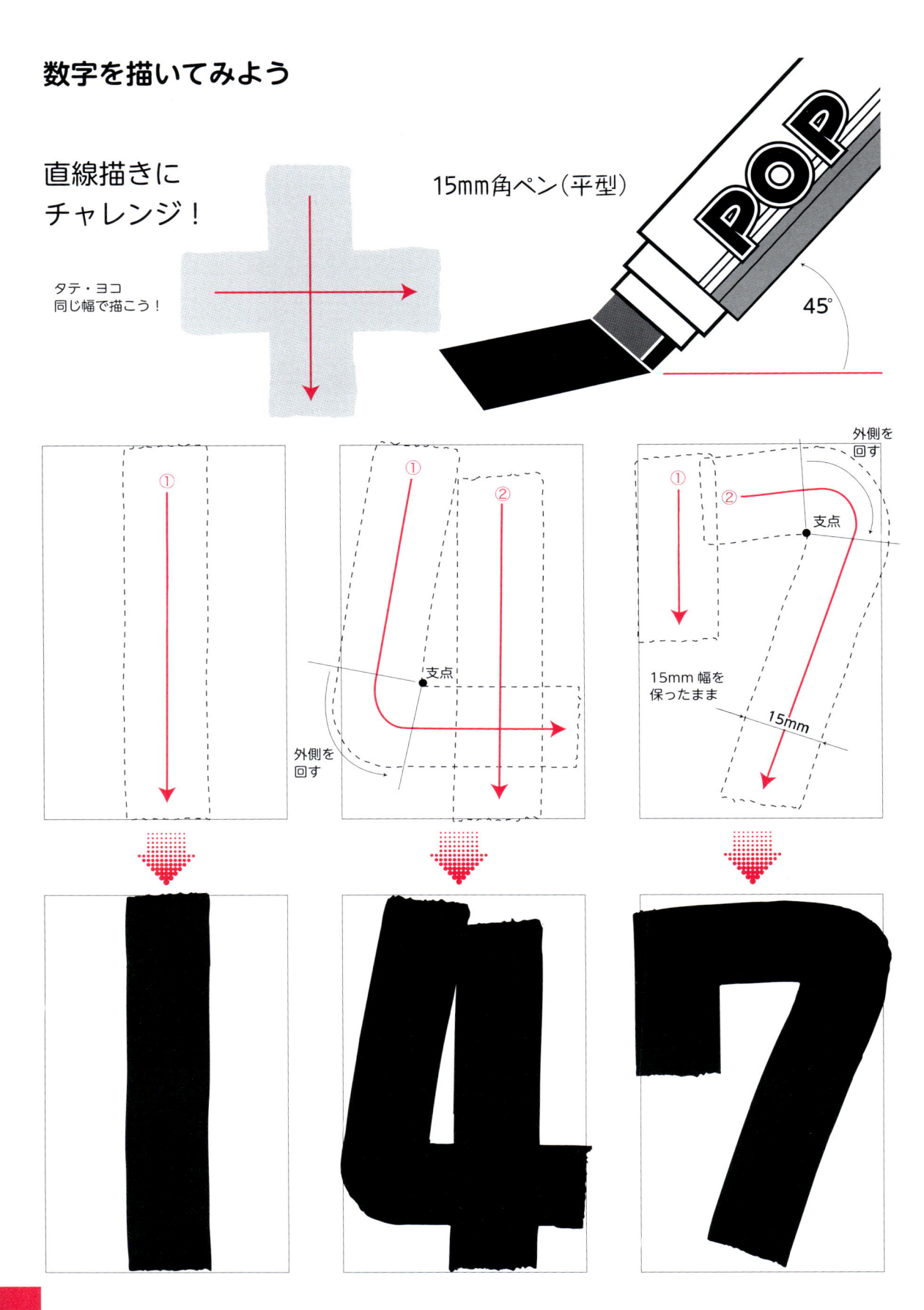

タテ・ヨコ 同じ幅で描こう！

15mm角ペン（平型）

45°

①

① ② 外側を回す

① ② 外側を回す 支点 15mm幅を保ったまま 15mm

支点

1 4 7

極太ペンでプライスを描いてみよう　数字

曲線描きにチャレンジ！

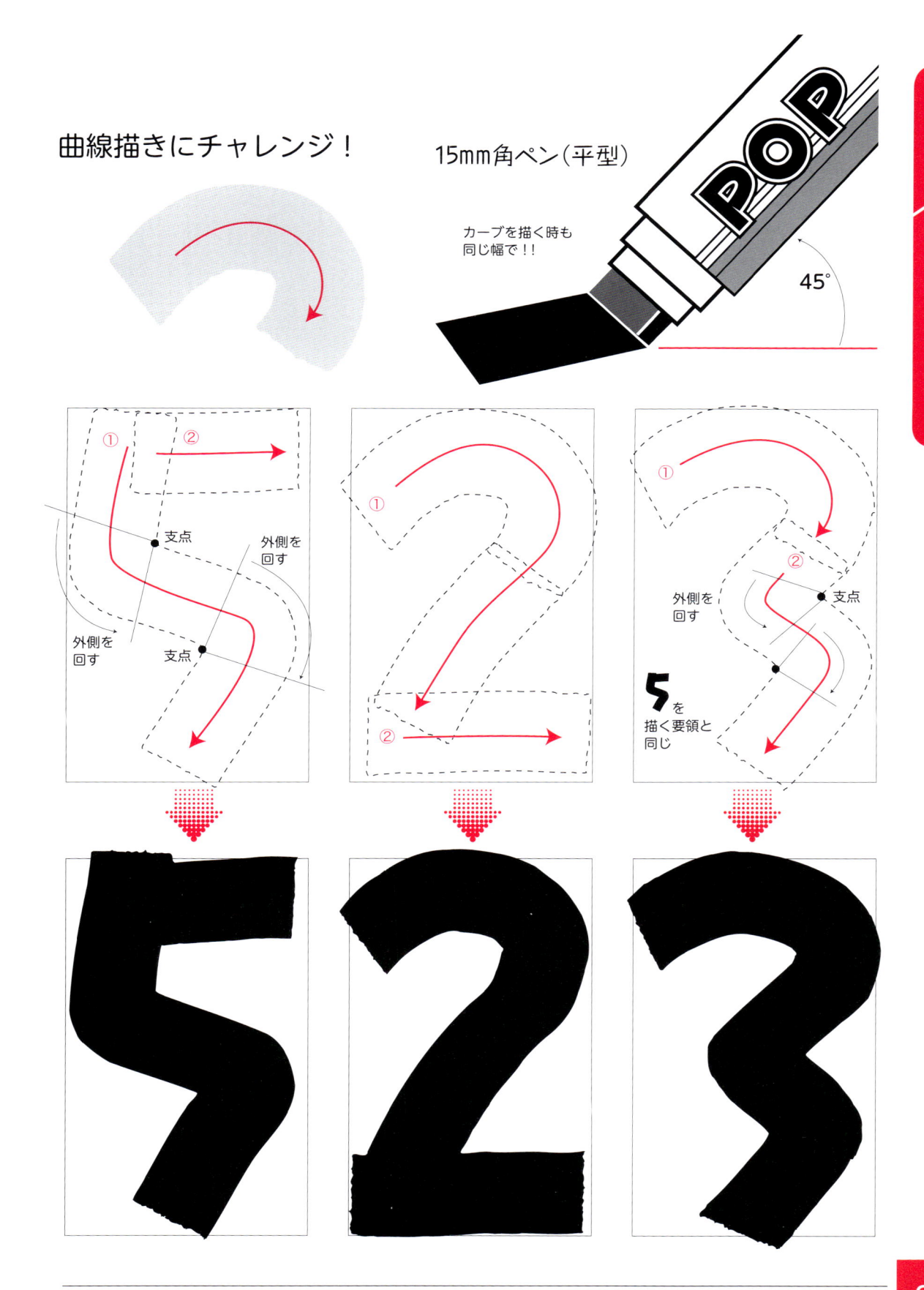

15mm角ペン（平型）

カーブを描く時も同じ幅で！！

45°

5

① ②
支点
外側を回す
外側を回す
支点

2

①
②

3

①
②
外側を回す
支点

5を描く要領と同じ

数字　極太ペンでプライスを描いてみよう

第一章　基本編

15mm角ペン（平型）

円でできている数字は半分ずつゆっくり描こう！

内側の線を見ながら描く

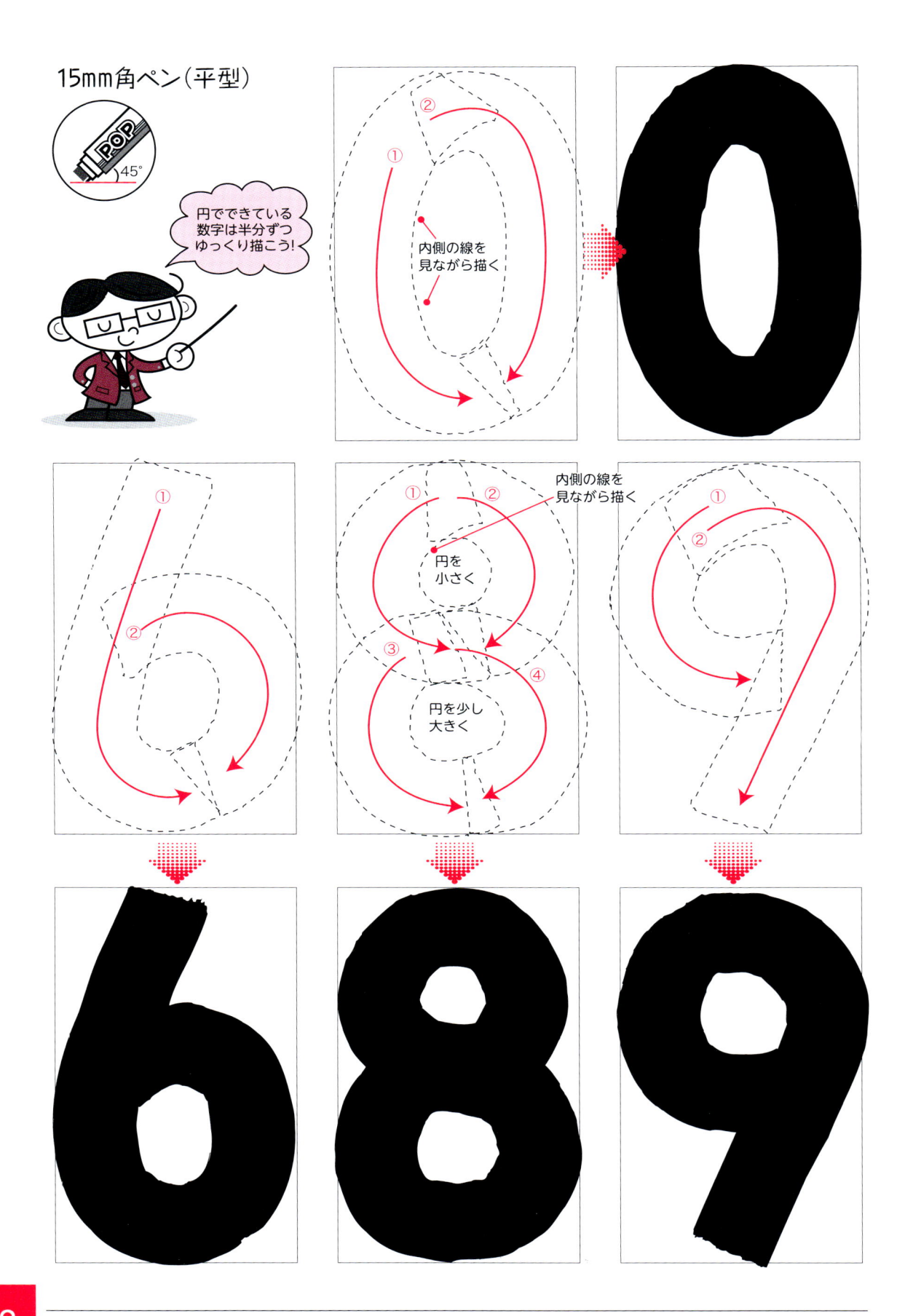

内側の線を見ながら描く

円を小さく

円を少し大きく

極太ペンでプライスを描いてみよう　数字

15mm角ペン（平型）

¥98
345エン
1,000エン

第一章 基本編

数字　極太ペンでプライスを描いてみよう

15mm角ペン（平型）

2,500円

8,650円

こんな描き方もあります

　数字の"8"を2回のストロークで描く方法です。どちらが描きやすいかは自由に選択してください。

　左側の作例はどこも同じ幅で揃っています。右側の作例のようにならないように注意しましょう。

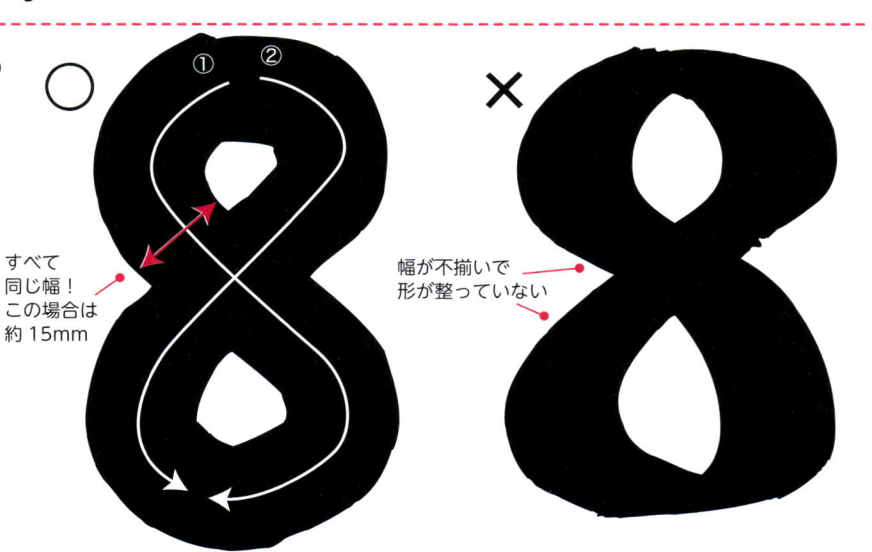

○ すべて同じ幅！この場合は約15mm

× 幅が不揃いで形が整っていない

極太ペンでプライスを描いてみよう　数字

斜角ペンで角ゴシック体にチャレンジ!!

● 数字を描く

5mm角ペン（斜角型）

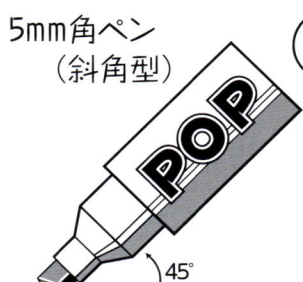

目立つ文字を描きたい!

★角ペン5mm（斜角型）で数字を描いてみましょう。縦線も横線も一定の持ち方で数字の形だけ整えます。この描き方は、数字だけでなく角ゴシック体を描く時の基本形となります。

使うマーカーはコレ!

手順1 明朝風の数字を描く

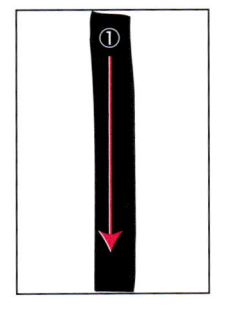

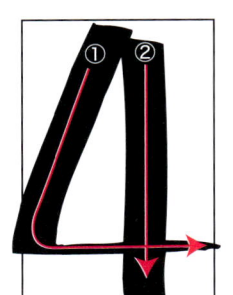

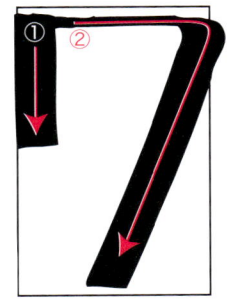

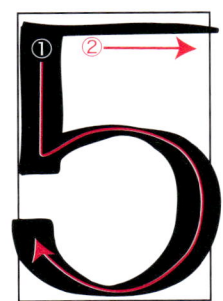

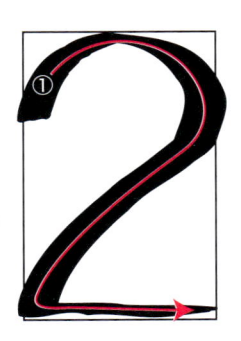

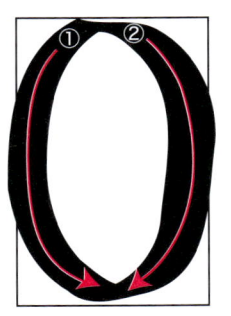

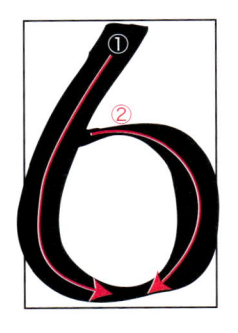

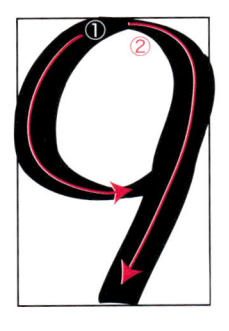

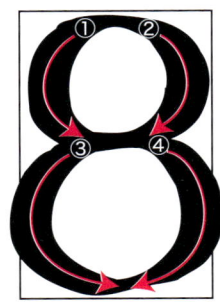

幅の広い5mmの部分を使って手前にストロークする

同じ持ち方で"0"の曲線を描く

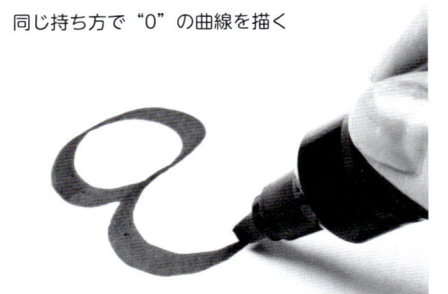

第一章 基本編

数字　斜角ペンで角ゴシック体にチャレンジ!!

手順2 明朝風の数字の細い部分を太くして角ゴシック体にする

慎重に同じ幅で整えよう

🟥 線のところがなぞって太くした部分

523
068

曲線部分を整えよう

概ねこんな形になればOK!

14752
30689

26 斜角ペンで角ゴシック体にチャレンジ!! 数字

★明朝風の仕上がり例

375円

★角ゴシック風の仕上がり例

375円

★明朝風の仕上がり例

1,648円

★角ゴシック風の仕上がり例

1,648円

第一章　基本編

> 実際にはどちらの
> タイプでも使えますが
> 目立つのは
> 角ゴシック体！

数字　斜角ペンで角ゴシック体にチャレンジ!!

● カタカナを描く

5mm角ペン（斜角型）

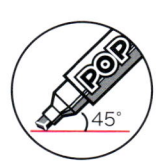

まず明朝風のカタカナを描く

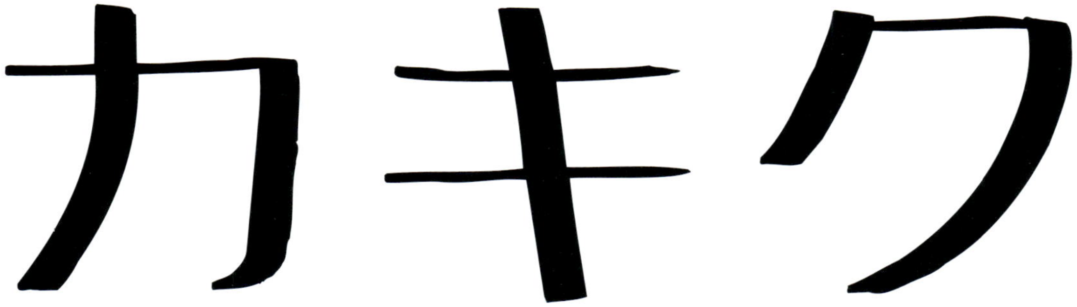

カキク

細い部分に肉付けをする

下からなぞっている

カキク

さらに内側に
もう一本線を
増やすと…

カカ

これは目立つ！

斜角ペンで角ゴシック体にチャレンジ!!　カタカナ

★良く似たストロークの文字　　　　　　5mm角ペン（斜角型）

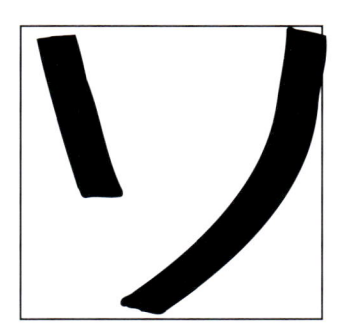

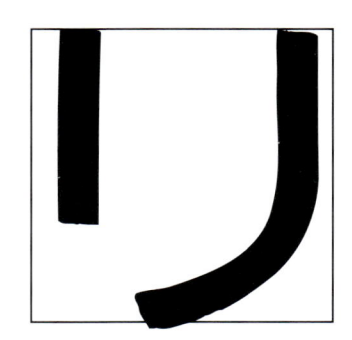

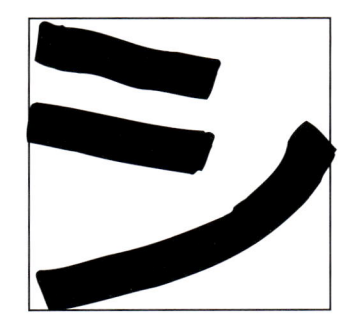

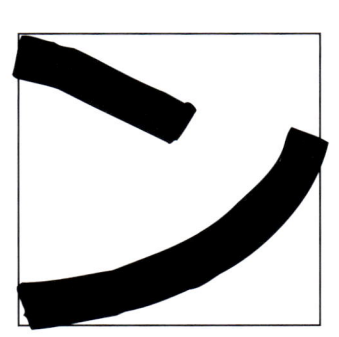

ツ ソ リ

ミ シ ン

★濁点、半濁点の文字

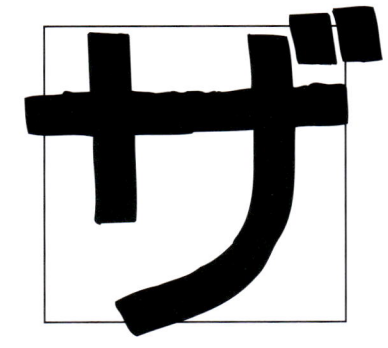

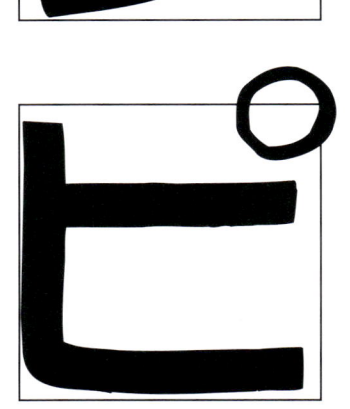

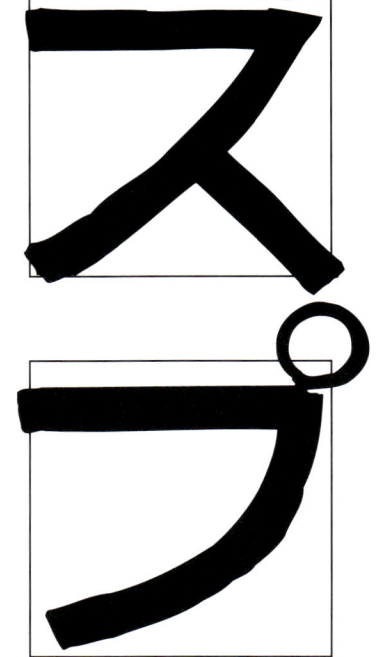

ザ ジ ズ

パ ピ プ

斜角ペンで角ゴシック体にチャレンジ!!

単語サンプル

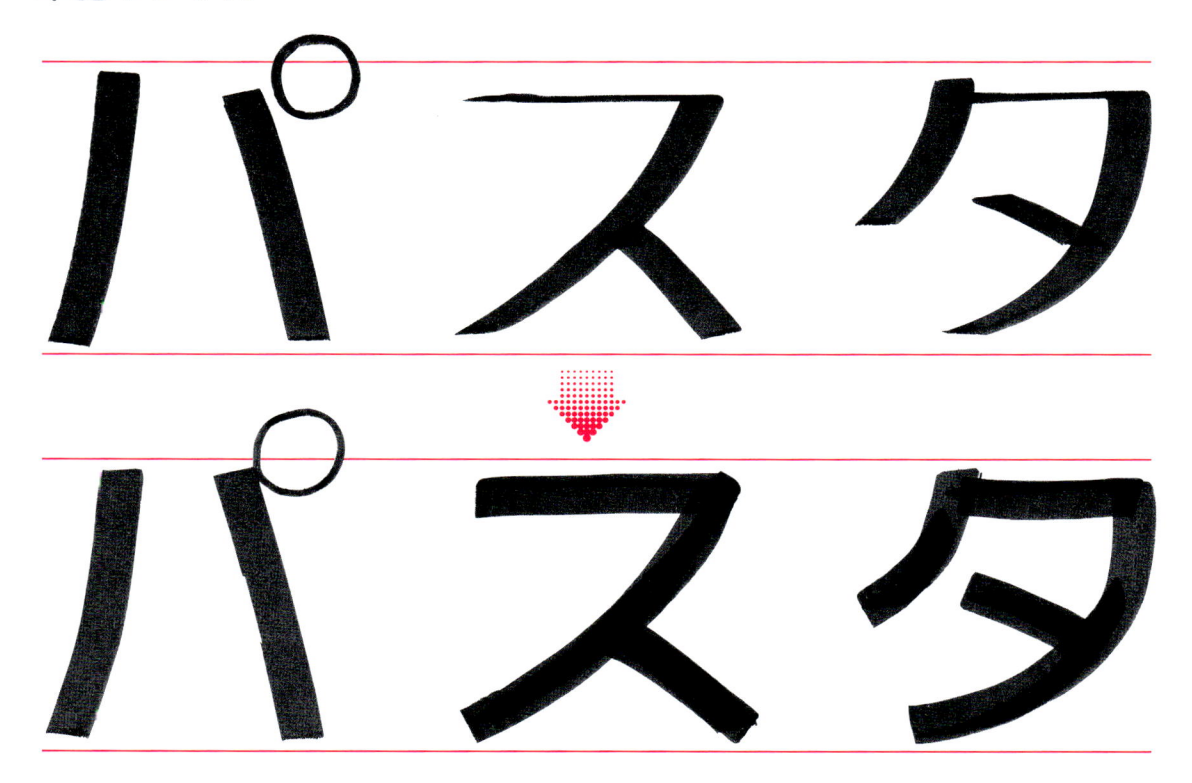

パスタ

▼

パスタ

フレッシュ

▼

フレッシュ

斜角ペンで角ゴシック体にチャレンジ!! カタカナ

● ひらがなを描く

5mm角ペン（斜角型）

まず明朝風のひらがなを描く

まみむ

細い部分に肉付けをする

▼　　　▼　　　▼

左からなぞっている

▼　　　▼　　　▼

まみむ

さらに肉付けすると…

まま

これは目立つ！

※込み入った文字は肉付けを少量にしよう！

ひらがな　斜角ペンで角ゴシック体にチャレンジ!!

第一章　基本編

31

★良く似たストロークの文字

あ お ぬ

あ お ぬ

は ほ わ

は ほ わ

斜角ペンで角ゴシック体にチャレンジ!! ひらがな

単語サンプル

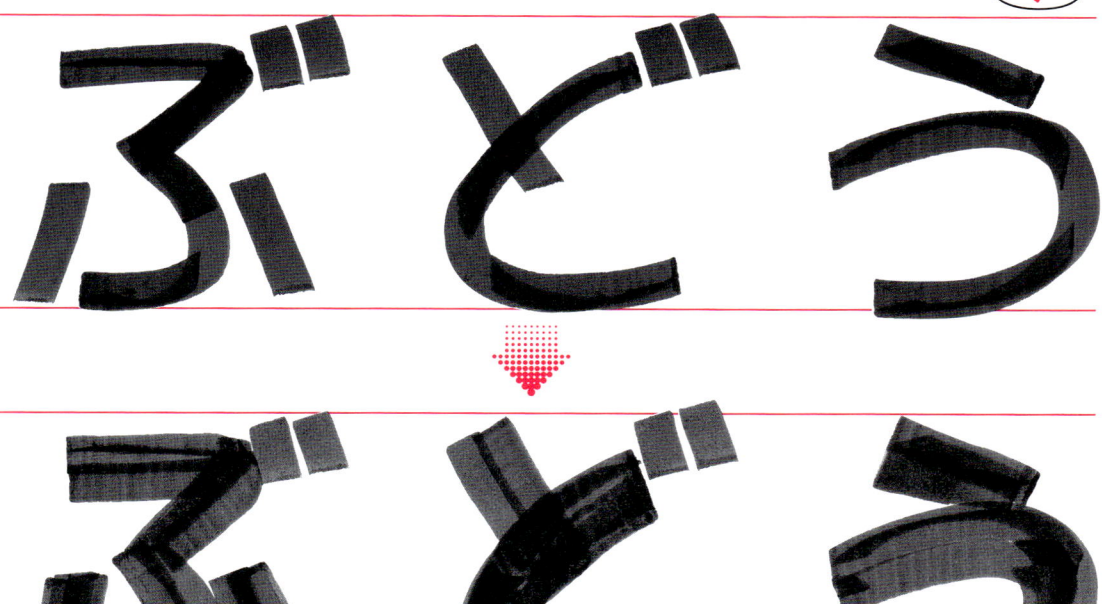

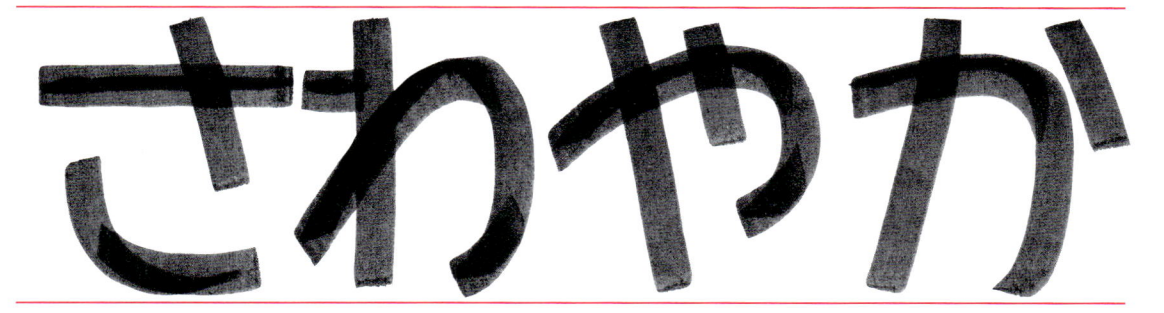

目立つ文字を描きたい！

第一章 基本編

ぶどう

↓

ぶどう

さわやか

↓

さわやか

ひらがな　斜角ペンで角ゴシック体にチャレンジ!!

● 漢字を描く

明朝風の漢字を書いて、細い部分に肉付けをする

5mm角ペン（斜角型）

春 夏 秋
▼ ▼ ▼
春 夏 秋

冬 特 売
▼ ▼ ▼
冬 特 売

34　斜角ペンで角ゴシック体にチャレンジ!!　漢字

"夏"の文字はどうやって描いたのかな？

> ペンを斜めにして
> ストロークすると
> 細めになるよ！

第一章　基本編

横線の肉付けを細くする

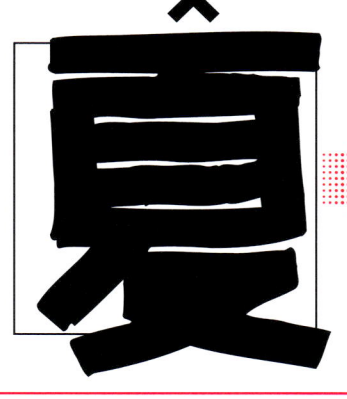

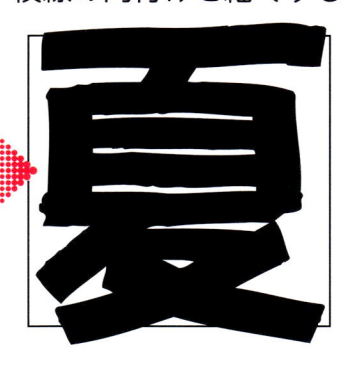

× 夏 → 夏

> 角ゴシック風の"夏"は
> 同じ太さにすると
> つぶれてしまうので
> 注意しよう！

感　謝　選
↓　↓　↓
感　謝　選

漢字　斜角ペンで角ゴシック体にチャレンジ!!

35

単語サンプル

目立つ文字を描きたい！

直送市

↓

直送市

自然素材

↓

自然素材

36　斜角ペンで角ゴシック体にチャレンジ!!　漢字

丸ペンで丸ゴシック体にチャレンジ!!

● 数字を描く

★ペン先が円柱形で平たくなっているペンは、必ず丸ゴシック体に仕上がります。ペン先が斜角になっているものよりはストロークが運びやすいです。練習あるのみ!!

このペンは、直線・曲線どのように描いてもいつも線幅が6mmを保つように作られている! ただし、まっすぐに立てて描くこと。

6mm 丸ペン（平型）

90°　ペンをまっすぐに立てて描こう

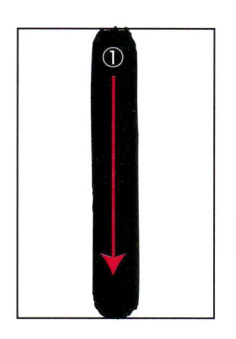

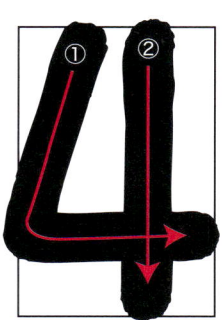

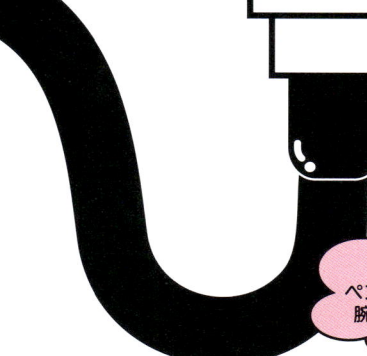

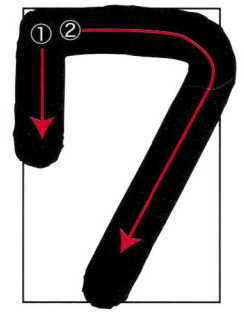

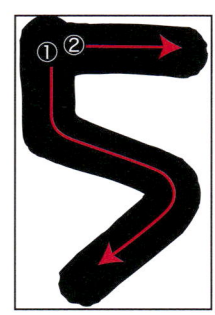

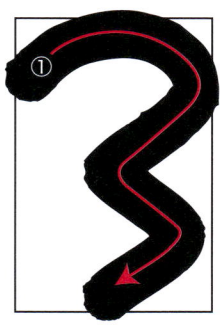

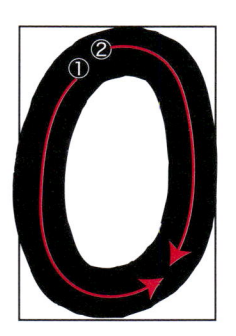

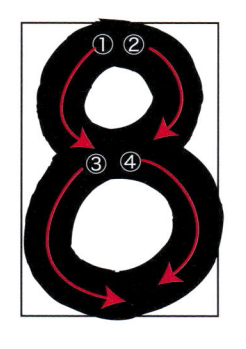

ポイントはペンを直立させて腕を引くように!

"8"の字を2ストロークで描く方法。形が整っていれば描きやすい方でOK!

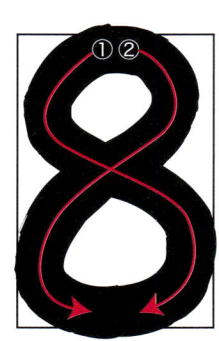

第一章　基本編

数字　丸ペンで丸ゴシック体にチャレンジ!!

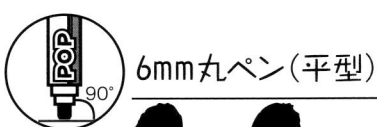

6mm丸ペン（平型）

145 265
498 100
20% 6月

2mm丸ペン（丸型）

1 4 5 7 2 3 98 375
0 6 9 8 　"8"の字を2ストロークで描くと→ 8　1000

1mm丸ペン（丸型）

1 4 7 5 2 3　　498　1000
0 6 9 8　　　　135000　20%

0.5mm極細ペン

1 4 7 5 2 3　　145　265　375　498
0 6 9 8　　　　100　135000　6:30〜

丸ペンで丸ゴシック体にチャレンジ!!　数字

● **カタカナを描く**　　6mm丸ペン（平型）

第一章　基本編

ア	カ	サ
イ	キ	シ
ウ	ク	ス
エ	ケ	セ
オ	コ	ソ

カタカナ　丸ペンで丸ゴシック体にチャレンジ‼

6mm丸ペン（平型）

タ	ナ	ハ
チ	ニ	ヒ
ツ	ヌ	フ
テ	ネ	ヘ
ト	ノ	ホ

6mm丸ペン（平型）

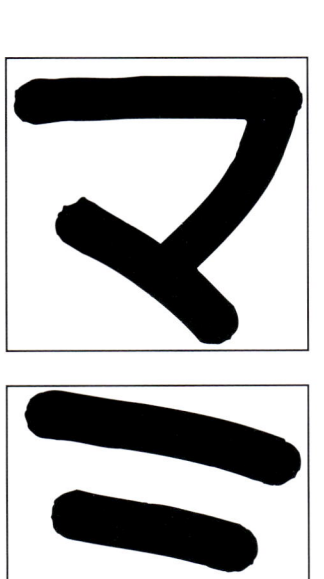

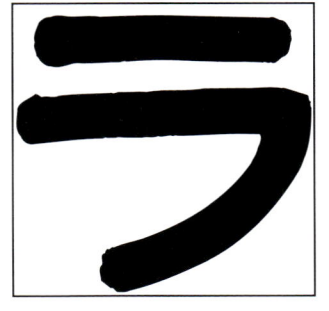

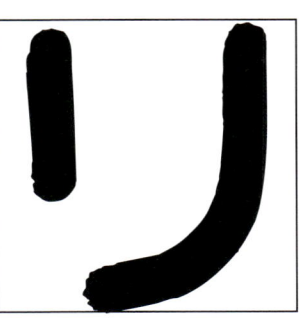

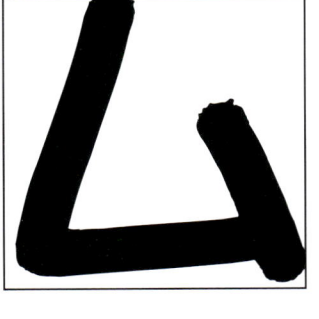

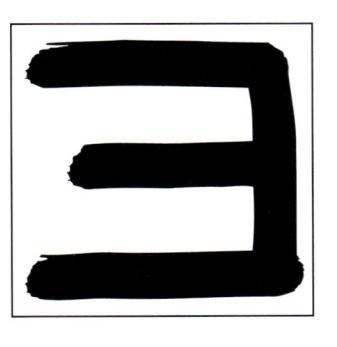

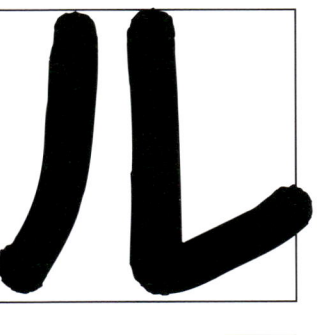

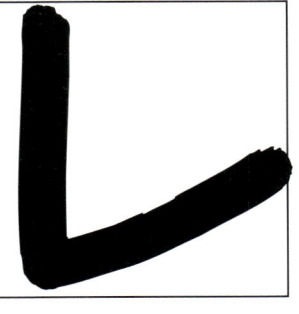

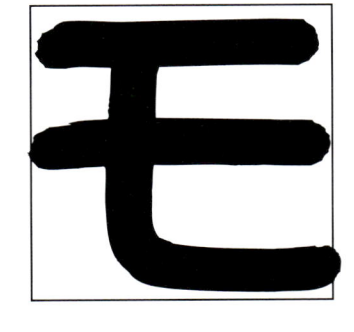

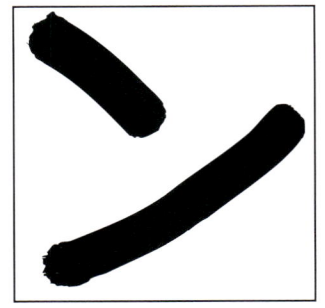

第一章　基本編

マ	ヤ	ラ
ミ	ユ	リ
ム	ヨ	ル
メ	ワ	レ
モ	ン	ロ

※カタカナの"ヲ"の字は使用するケースが少ないため掲載していません。

カタカナ　丸ペンで丸ゴシック体にチャレンジ!!

41

2mm丸ペン（丸型）

ア	カ	サ	タ	ナ	ハ
イ	キ	シ	チ	ニ	ヒ
ウ	ク	ス	ツ	ヌ	フ
エ	ケ	セ	テ	ネ	ヘ
オ	コ	ソ	ト	ノ	ホ

ココア　レタス

クリスタル

ワンポイント

タイムサービス

丸ペンで丸ゴシック体にチャレンジ!! カタカナ

2mm丸ペン（丸型）

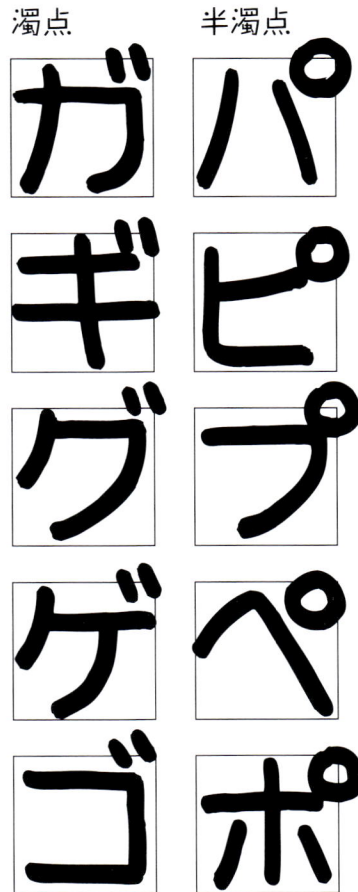

濁点　　半濁点

マ	ラ	ヤ	ガ	パ
ミ	リ	ユ	ギ	ピ
ム	ル	ヨ	グ	プ
メ	レ	ワ	ゲ	ペ
モ	ロ	ン	ゴ	ポ

第一章　基本編

※カタカナの"ヲ"の字は使用するケースが少ないため掲載していません。

ショックプライス

オススメドリンク　カロリーゼロ

10:00〜12:00
タイムバーゲン

カタカナ　丸ペンで丸ゴシック体にチャレンジ!!

43

● ひらがなを描く

曲線ストロークにチャレンジ!!

★ペン先を固定したまま腕の移動で描いてみましょう。

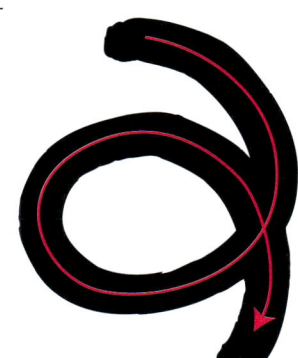

6mm丸ペン（平型）

こんなストロークに慣れよう

きれいな曲線を描こう!

右へ連続的に描いてみよう →

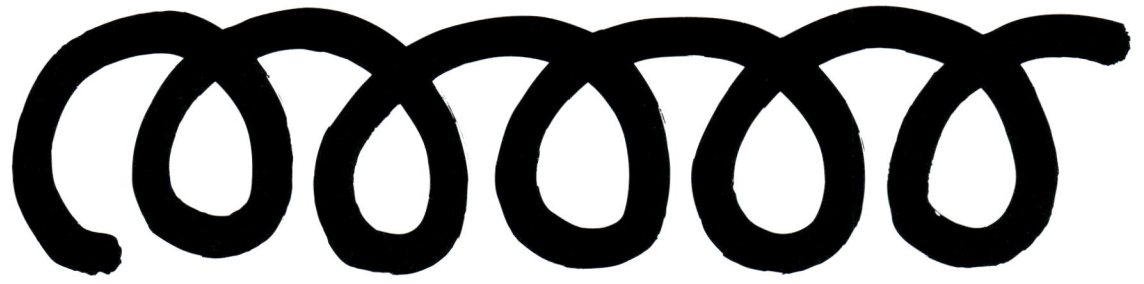

下へ連続的に描いてみよう ↓

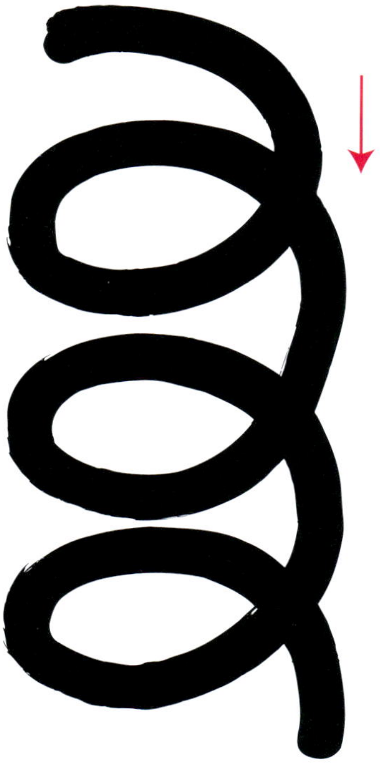

［2mm丸ペン（丸型）］

［1mm丸ペン（丸型）］

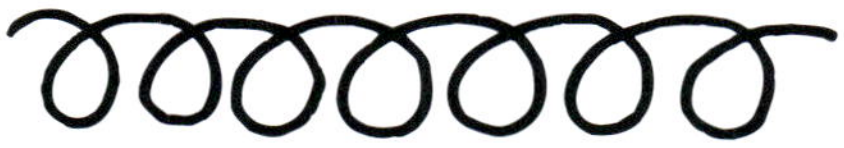

［0.5mm極細ペン］

丸ペンで丸ゴシック体にチャレンジ!! ひらがな

ひらがなにチャレンジ!!

★直線的なカタカナと異なり、ひらがなは曲線が非常に多いです。ペンを直立させながら連続的にストロークをつなげましょう！

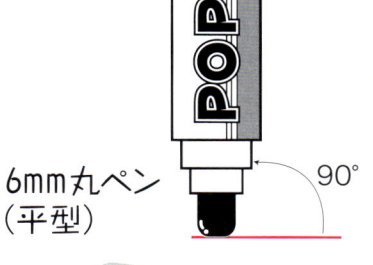

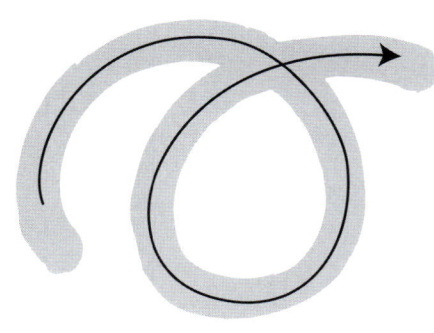

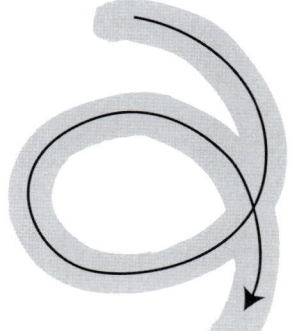

6mm丸ペン（平型） 90°

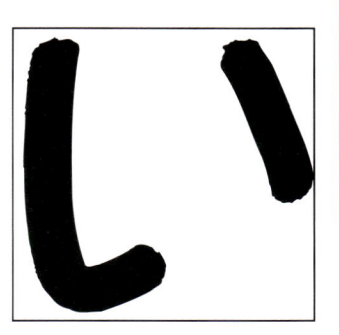

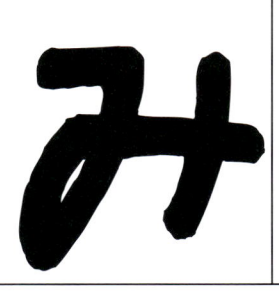

あいうえお

← 線が細い
　ペンの持ち方
　を見直そう

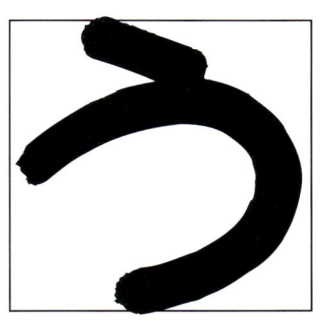

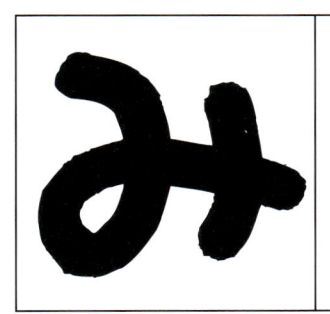

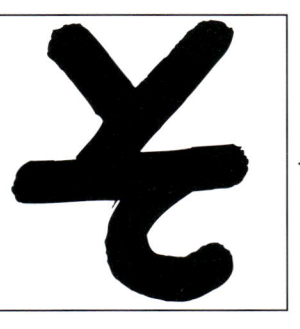

← 線の太さOK！
　でも、まだ天
　地・左右のス
　ペースが空い
　ている…

マス目いっぱい！ OK！

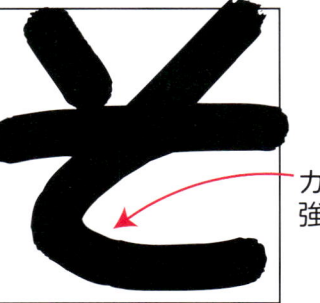

カーブを大きく
強調しよう！

第一章　基本編

ひらがな　丸ペンで丸ゴシック体にチャレンジ!!　45

6mm丸ペン（平型）

かきくけこ　さしすせそ　たちつてと

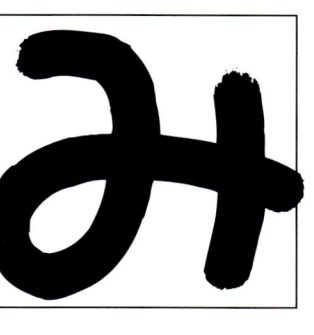

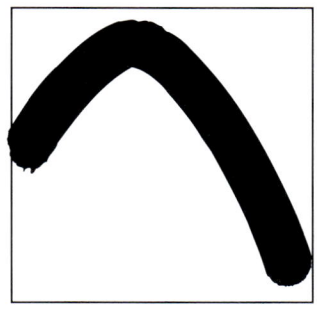

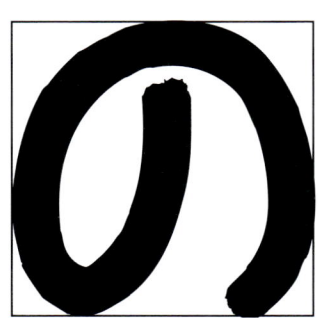

6mm丸ペン（平型）

まみむめも
はひふへほ
なにぬねの

第一章 基本編

ひらがな 丸ペンで丸ゴシック体にチャレンジ!!

47

6mm丸ペン（平型）

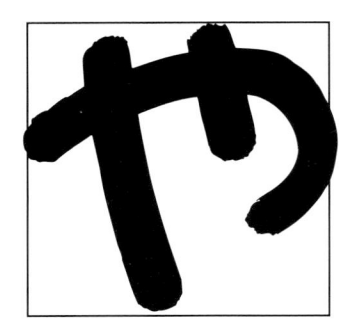

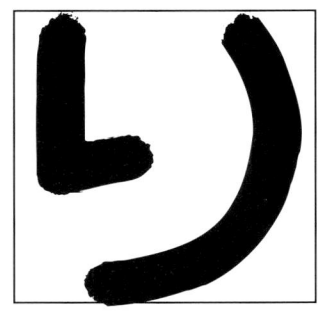

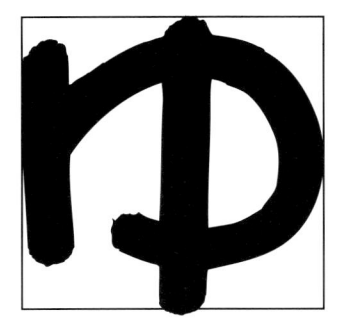

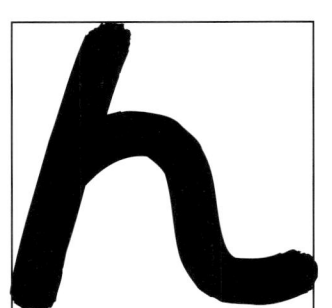

わ を ん

や ゆ よ

ら り る れ

小文字は7割位の大きさで。

6mm丸ペン（平型）

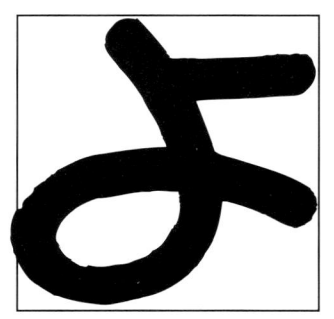

ろ よ

小文字入りサンプル　　　　　　6mm丸ペン（平型）

しょうゆ
肉じゃが

なるべく間隔を詰めて描こう！　6mm丸ペン（平型）

さんま

詰める　　詰める

さんま

第一章／基本編

文字はきれいだが
少しばらけた
感じの仕上がり…

単語として
描くときは
間隔を詰めよう！

ひらがな　丸ペンで丸ゴシック体にチャレンジ!!

49

2mm丸ペン（丸型）

あかさたなは
いきしちにひ
うくすつぬふ
えけせてねへ
おこそとのほ

しいたけ
そうめん
こしひかり
するめいか

ふわふわ

2mm丸ペン（丸型）

第一章　基本編

ま	ら	や	わ
み	り	ゆ	を
む	る	よ	ん
め	れ
も	ろ

ほれたて
とれたて

さわやか

くるくるパーマ

ポイント2倍デー

ありがとうキャンペーン

ひらがな　丸ペンで丸ゴシック体にチャレンジ!!

1mm丸ペン（丸型）

あ か さ た な は ま ら や わ
い き し ち に ひ み り ゆ を
う く す つ ぬ ふ む る よ ん
え け せ て ね へ め れ
お こ そ と の ほ も ろ
しいたけ　するめいか　そうめん
ふわふわ　ありがとうキャンペーン
ワインまつり　ポイント2倍デー

0.5mm極細ペン

あ か さ た な は ま や わ ら
い き し ち に ひ み ゆ を り
う く す つ ぬ ふ む よ ん る
え け せ て ね へ め れ
お こ そ と の ほ も
しいたけ　するめいか　そうめん　さわやか
ふわふわ　こしひかり　くるくるパーマ
ぱじゃま　ワインまつり
ありがとうキャンペーン　ポイント2倍デー

● 漢字を描く

狭いスペースに直線が何本描けるかチャレンジ！！

★画数の多いのが漢字の特徴です。はらいやはねなど、曲線で構成される部分は、直線的なストロークで描いてみましょう。

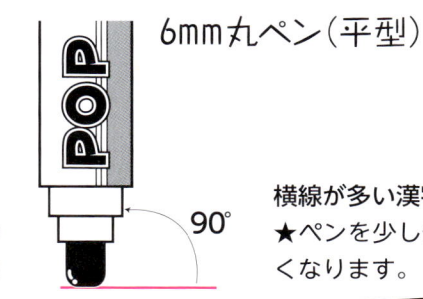

6mm丸ペン（平型）

90°

横線が多い漢字の例↓
★ペンを少し傾けると描きやすくなります。

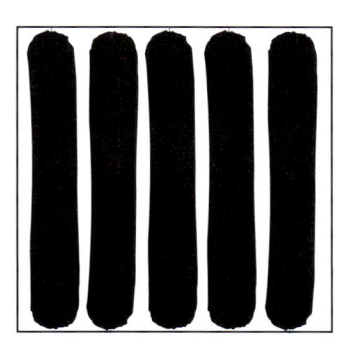

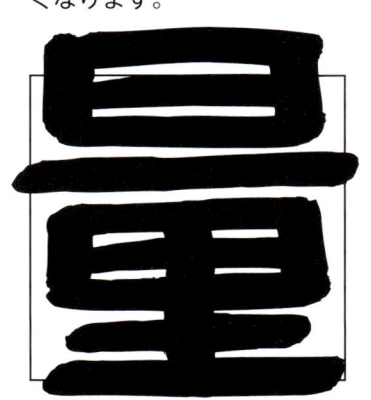

第一章　基本編

漢字の成り立ちを学ぼう
…永字八法を少し意識して

書道の基本はこのようになります

- 点（側 そく）
- 縦画（努 ど）
- 横画（勒 ろく）
- 右上がりの横画（策 さく）
- 打込み（啄 たく）※短い左はらい
- 左はらい（掠 りゃく）
- 右はらい（磔 たく）
- はね（趯 テキ）

"永字八法"とは、漢字の「永」の字の中に書に必要な8種類の筆法が含まれていることを表す言葉です。

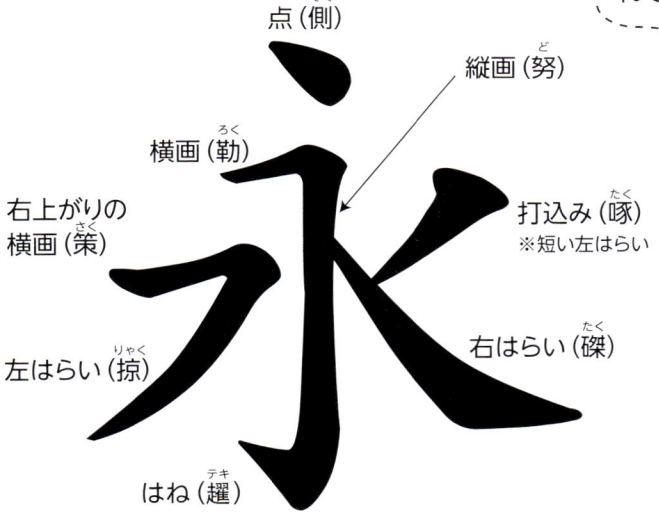

6mm丸ペン（平型）で描くと…

永字八法を基本にして色々な書体があります

筆法も結構柔軟性あるのね

漢字　丸ペンで丸ゴシック体にチャレンジ!!

53

マス目から少しくらいはみでてもOK

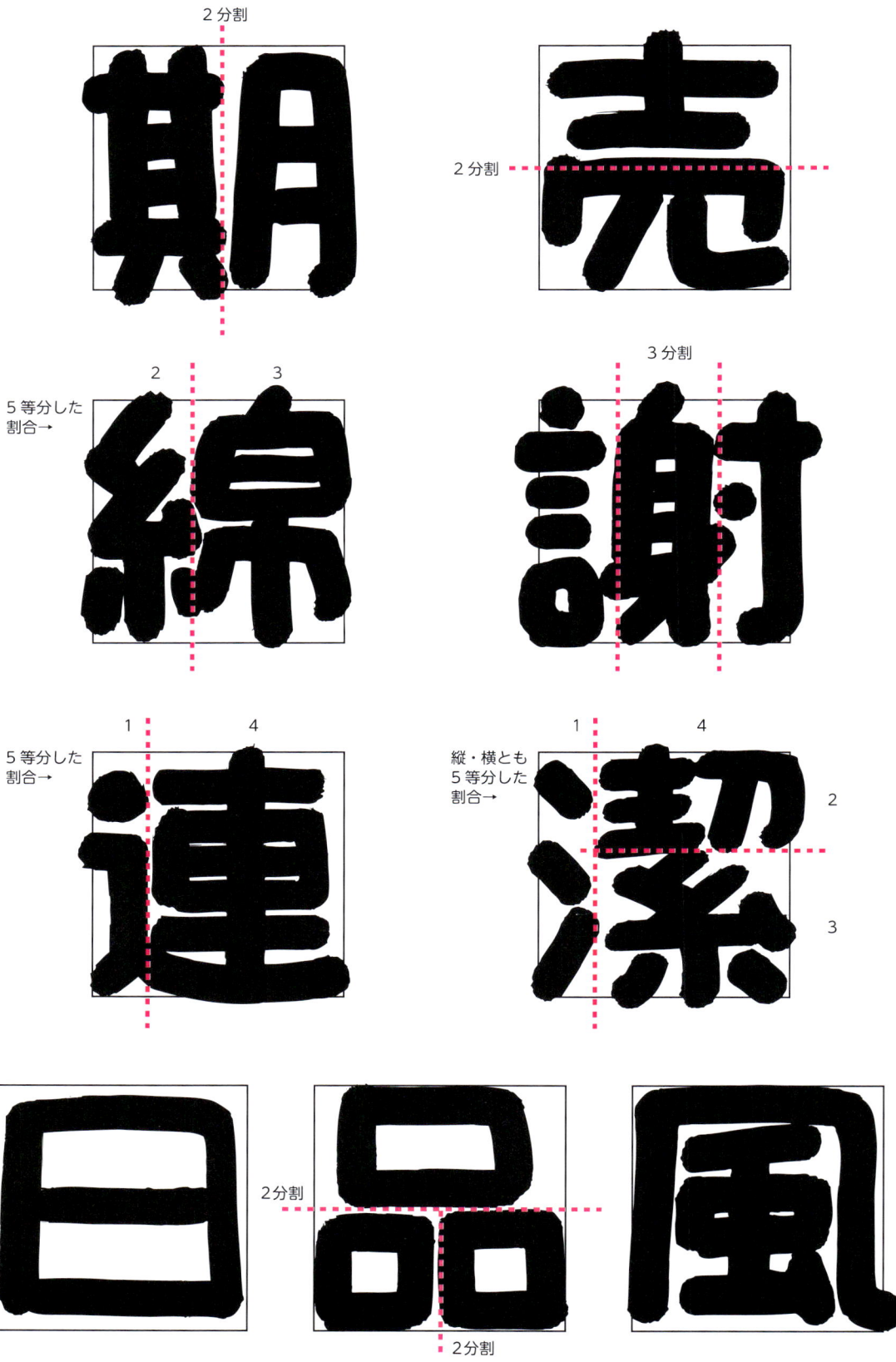

6mm丸ペン（平型）

2分割

期

2分割

売

5等分した割合→
2　3

線

3分割

謝

5等分した割合→
1　4

連

縦・横とも5等分した割合→
1　4

潔
2
3

日

品
2分割
2分割

風

曲線部分は直線的で OK　　　　　6mm丸ペン（平型）

第一章　基本編

木	水	月
米	竹	衣
然	豆	新
安	柿	茶
粟	暑	鼻

漢字　丸ペンで丸ゴシック体にチャレンジ!!

55

● アルファベットを描く

横幅を長く描いてみよう

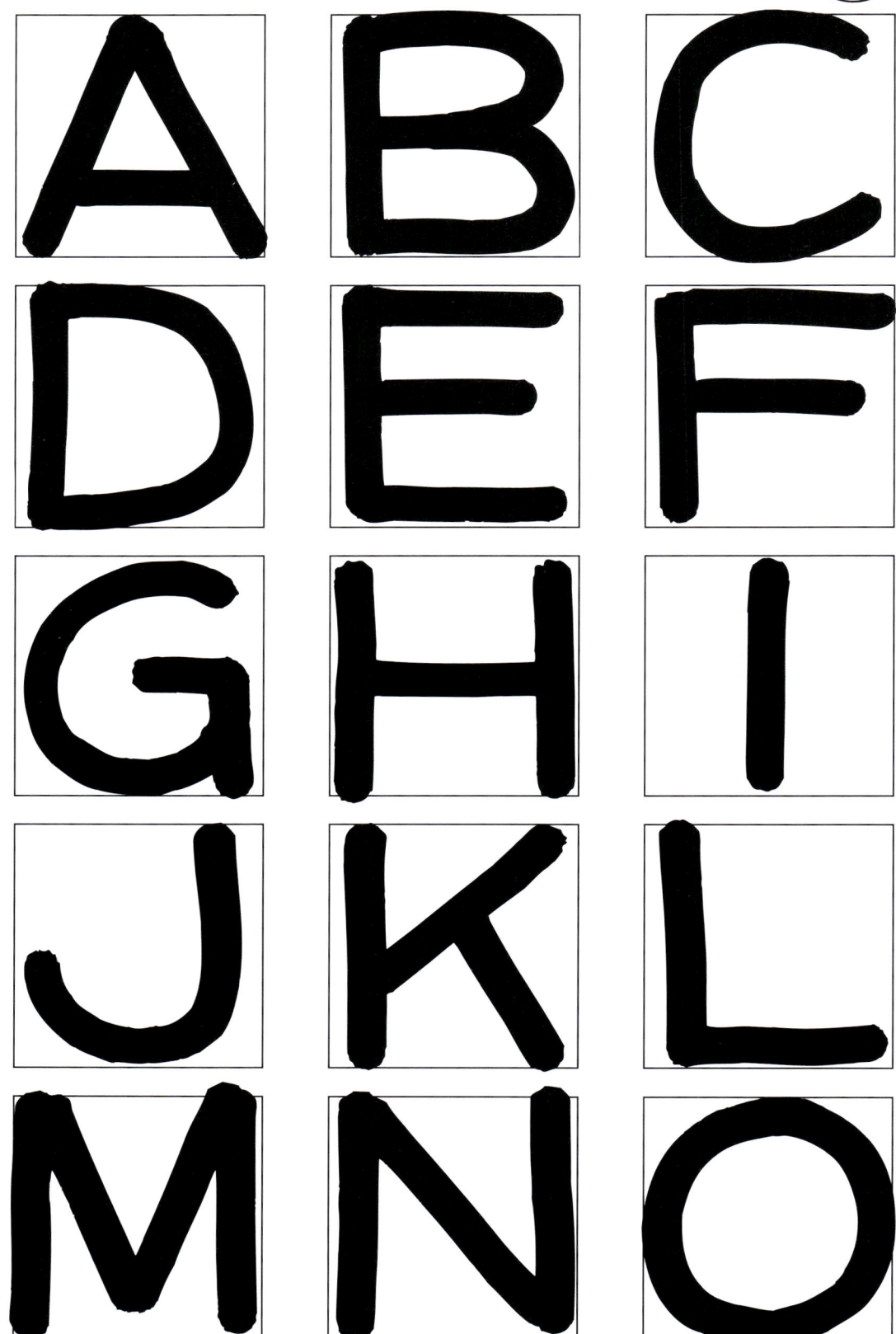

6mm 丸ペン（平型）

A B C
D E F
G H I
J K L
M N O

丸ペンで丸ゴシック体にチャレンジ!! アルファベット

6mm丸ペン（平型）

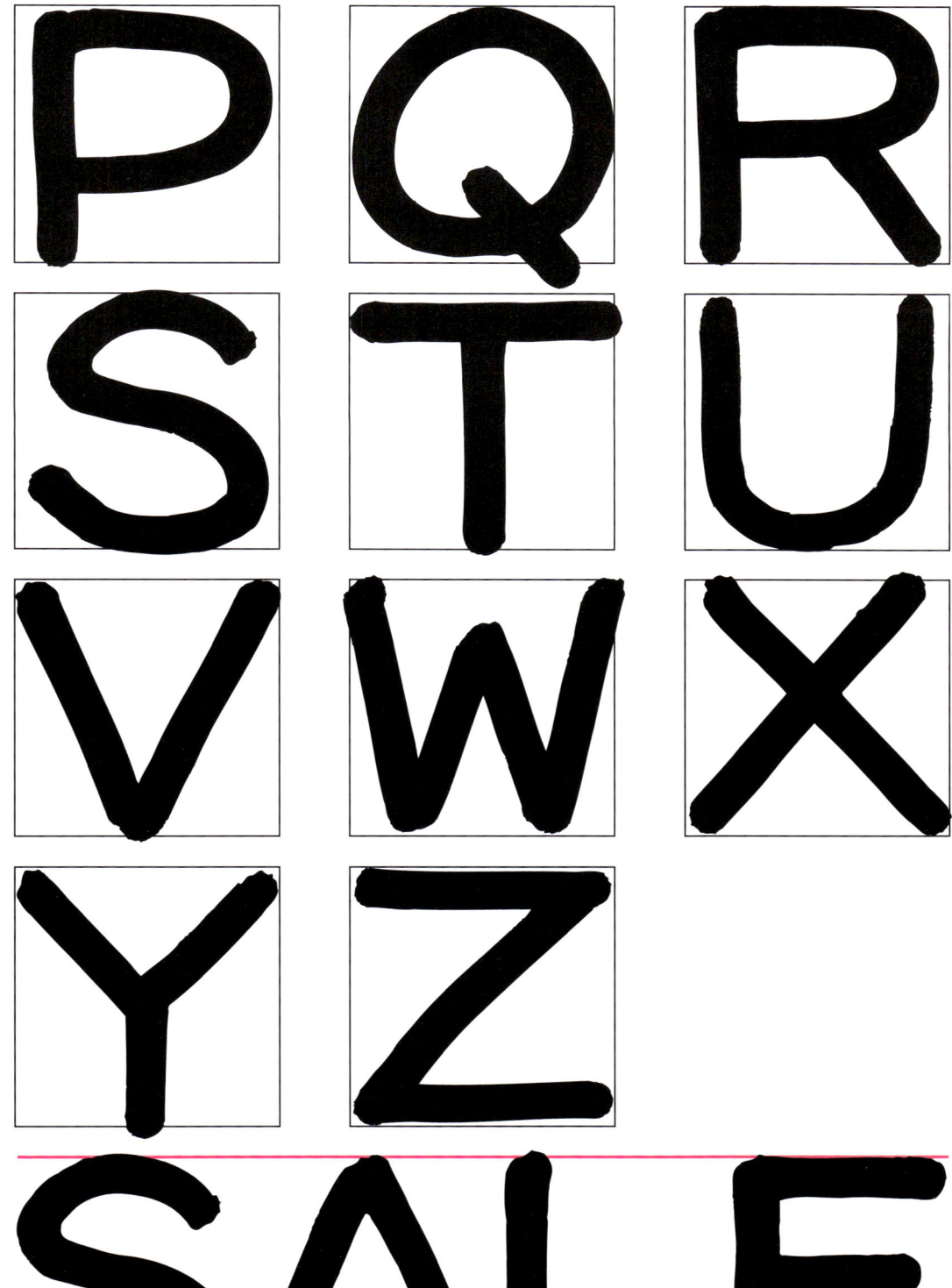

P Q R
S T U
V W X
Y Z
SALE

アルファベット　丸ペンで丸ゴシック体にチャレンジ!!

第一章　基本編

斜角ペンや丸ペンで描いた作例

プライスカードとしては、ごく基本的な仕上がりのレイアウトのPOPです。価格表示は、5mm角ペン（斜角型）で明朝風に描いています。

迫力こそありませんが要件は十分伝わってきます。

プライスカードの基本的なスタイルの中で、商品名の部分を5mm角ペン（斜角型）で描いています。

その中でも"ベビー"の部分は、カタカナなので少し小さくしています。PR文も忘れずに描き入れましょう。

商品名とプライスの部分に5mm角ペン（斜角型）を使っています。角ゴシック風の仕上がりになっているので目立ちます。"きな粉みつまめ"の部分は、商品名の中でも主になる"みつまめ"の方を大きくすることでメリハリがつきます。

文字の基本ができたらこのように簡単な色をつけてみよう

第二章

プライスカード

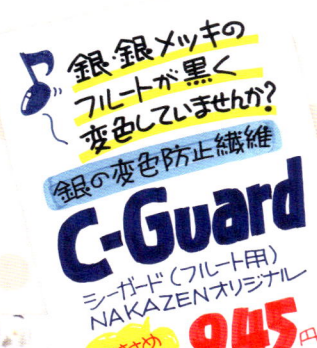

♪銀、銀メッキのフルートが黒く変色していませんか?
銀の変色防止繊維
C-Guard
シーガード（フルート用）
NAKAZEN オリジナル
おすすめします！ **945円**

フレッシュ果実味あふれる香り
オールザットジャズ
●イタリア ●辛口の白
リラックスして飲めますよ！ ￥**1500**

A LA MODE MARCHE
ナチュラルにシンプルに楽しんで
カットソー各種 **1,280円〜**

160台
限定モデル
レトロミシン
スペシャル大特価！
59,800円

商品の価格をお知らせするカード

プライスカードについて

プライスカード（price card）とは、店頭・店内で販売促進のために、商品の価格をお知らせする価格表示札のことです。POPの代表格で売り上げに大きく貢献します。

プライスカードの制作条件とポイント

プライスカードを作る際の条件として、次のポイントが挙げられます。

❶ 用紙のサイズ
取り付ける場所を考慮した大きさになっているか。

❷ 用紙の形
四角、四角の角丸、丸、楕円、物の形など計画性があるか。

❸ 価格の打ち出し方
正規の価格、特売の価格など文字の大小にメリハリはあるか。

❹ 全体の統一感
店全体、コーナー全体、売り出しごとなどのくくりで、用紙の形状、色彩、デザインパターン的な統一感があるか。（例：「創業祭特別価格」などの統一感があるか）

❺ 商品のコメント
メーカー、産地などの他におすすめするコメントが入っているか。スペースのあるサイズのPOPならコメントを必ず入れよう。（例：本日宮崎から直送!! 鮮度100%!!）

❶ 用紙のサイズ

名刺大、A5、A4、A3…など商品と場所に合わせてサイズを決める。

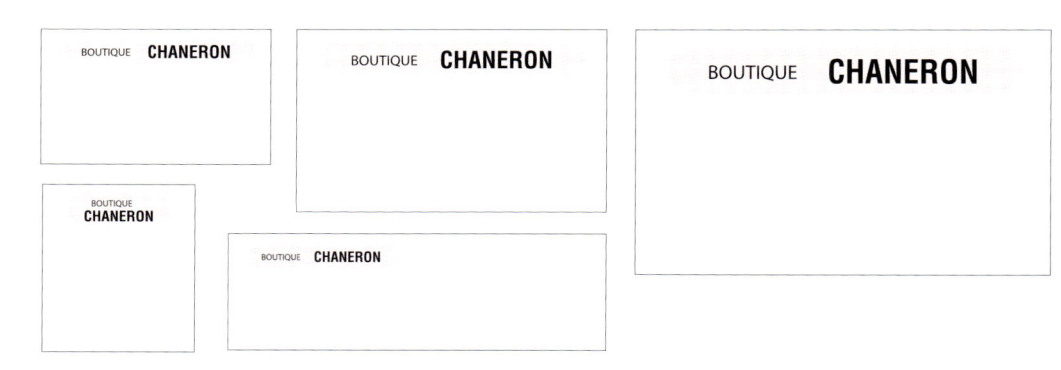

❷ 用紙の形

四角を基本に、商品イメージなどと併せて決めると良い。

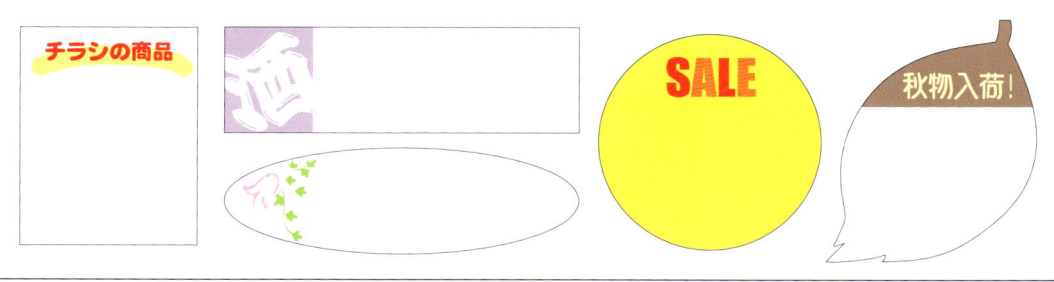

❸ 価格の打ち出し方

正価時は控えめに、特売時は大きく色彩も強調する。

正価格販売時のプライス表示

特売時のプライス表示

❹ 全体の統一感

セールごとやアイテムごとにタイトルや色彩イメージを統一する。

❺ 商品のコメント

価格だけでなく、おすすめコメントも必ず入れよう。

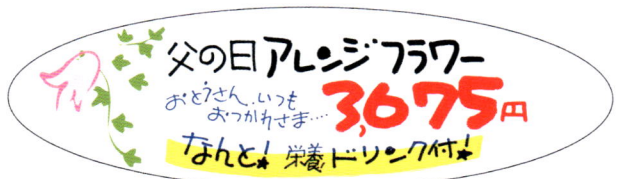

第二章　プライスカード

プライスカードについて　61

プライスカードにおける文字のレイアウト

用紙サイズが A4, B5, A5, B6 の場合は、6mm, 2mm, 1mm のペンを主体に使います。
（特売価格は 15mm〜6mm）

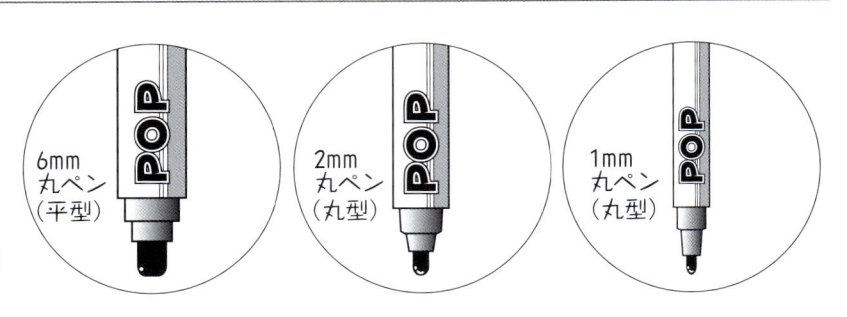

6mm 丸ペン（平型）　2mm 丸ペン（丸型）　1mm 丸ペン（丸型）

● メーカー名・商品名・定価・内容量・サイズ・限定数・特売価格などの文字のバランスは…

「どこのメーカー」の「何が」「いくら？」という順序で表示されればよい。

メリハリ → 大きい文字＝太いペン
　　　　 → 小さい文字＝細いペン

メリハリをつけて描くこと！

[A4〜B5 の描き方例]

20mm　**サロンズ**

10〜5mm

40mm　**シャンプー**

10〜5mm

20mm　**600ml 1,450円を**

メーカー名やブランド名は小さく描けばよい

商品名は大きく描こう。文字の間隔を詰めて！

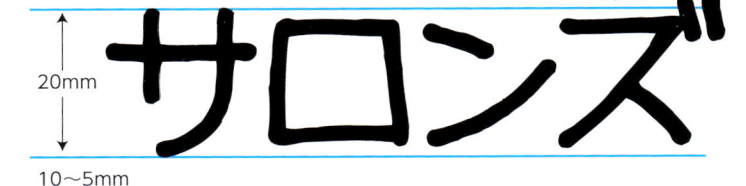

容量や定価などは強調すべきものでもないため小さくてよい

※容量がたくさん入ってお買い得の時は、容量を強調することもある。

用紙が小さくなっても描く要領は同じ。ペンの太さのランクを下げて、間隔もせまく調整して描こう。

[A5～B6の描き方例]

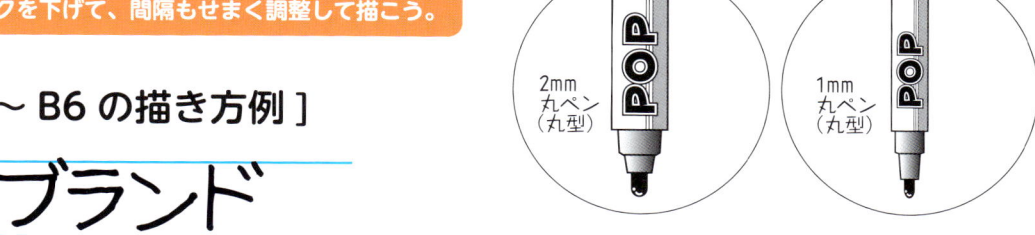

10mm ブランド
8～4mm
20mm シャンプーEX（L）
8～4mm
10mm 600ml　1,450円を

2mm 丸ペン（丸型）
1mm 丸ペン（丸型）

用紙の形や向きによって文字配列は変化する。商品名は常に大きく！

スペシャルブランド
SPハミガキ
クール＆ドライ（170g）

スペシャルブランド
SPハミガキ　クール＆ドライ（170g）

第二章　プライスカード

プライスカードにおける文字のレイアウト

プライスカードの基本レイアウト

レイアウト（layout）とは、文字や写真、イラストなどを見やすく配置することです。

＜プライスカードで大切なこと＞
1. 商品名と価格がすぐに理解できること。
2. 文字にメリハリがあること。
3. 色彩は黒と赤を基調にすること。
4. 横書き＝左から右下へ流れを作る。
5. 縦書き＝右から左下へ流れを作る。

用紙の形によってレイアウトも変化するので下描きから始めましょう。

Ⓐ

Ⓑ タイトルが入った市販品のPOP用紙
- PR文
- 商品名
- 量目
- 価格

Ⓒ 特売品

Ⓓ 特売品

Ⓔ 特売品

[B6横長POPの描き方例]

特売品
新 漢方胃腸薬
胃のもたれ、不快感に！
〈190錠〉
980エン

商品名と特売価格を明確に！

[実寸程度]

Ⓕ ★文字を縦描きにする場合、売価格は横描きがベスト。特

特売品

新**漢方胃腸薬**
胃のもたれ、不快感に！
〈190錠〉
980エン

基本的に商品名などは黒色を使う

基本的に特売価格は赤を使う

[B5 プライス POP の描き方例]

本日の奉仕品

サトチュー

冷し中華

〈2人前〉 ◎天然食材だから、安心のおいしさ！

248エン

プライスカードの基本レイアウト

プライスカードの色彩はどうする？

プライスカードの目的は、どんな商品がいくらなのかを単純明快に伝えることです。白・黒・赤・黄を基調にすると目立ちます。

❶ 用紙は白か黄。
❷ 商品名は黒が基本。
❸ 正価は黒、特売価格は赤が基本。
❹ 注目させるには、赤と黄の組み合わせ。
❺ 背景色はうすめの色。
❻ 全体の色数は4色程度まで。

[プライスカード主力の4色]

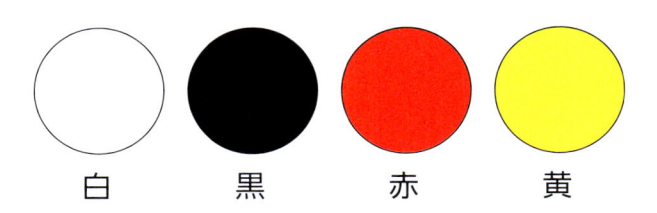

白　黒　赤　黄

★白＋黒は明度差があり読みやすい！
★黄＋赤は注意を引き、膨張し目立つ配色！

[基本的な色使い]

[アクセントカラー8色]

[背景にうすく使うと効果的な色]

水色　黄緑　桃　黄

※この他にも淡い色で補助的に使えるマーカー色があります。

[コピー・飾りなど、部分的に]

紺　緑　橙　茶

※この他にも濃い色で補助的に使えるマーカー色があります。

[色を使いすぎた失敗例]

×

一見良さそうに見えますが、"冷えた"イメージを商品名に反映させたために、印象が弱くなっています。何がいくらかを単純明快に！
　店の中全体の価格POPをイメージ色追求で使うと読みやすさと統一感がなくなります。商品名は黒を基本にしましょう。

×

目立たせることを先行させたために、的が絞れなくなり派手すぎる色彩になっています。
　プライスカードにしては少し過度なデザインになっています。

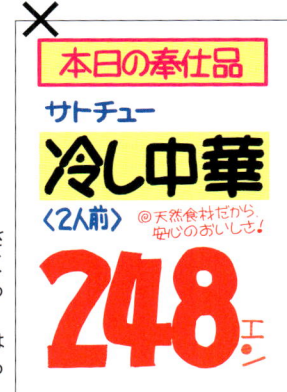

プライスカードの基本配色と用紙の形

★黒・赤以外にどんな色使いがされているか一例でチェックしてみよう（市販カードを想定）

Ⓐ

★特売品★
カントリー 北アルプス
天然水
2ℓ×6本（1ケース）
¥498（税込）

アクセントカラー＝紺
アクセントカラー＝ブルー（読みやすい）

Ⓑ

★特売品★
カントリー 北アルプス 天然水
2ℓ×6本（1ケース）
¥498（税込）

市販の用紙はすでに頭の部分が印刷されたものが多い

Ⓒ

特売品
NICE プリントTシャツ
メーカー希望小売価格
3,350円の品
2650円（税込）

アクセントカラー＝紺

Ⓓ

特売品
旧在庫 大工用品
2日間限り
通常ご奉仕価格より
ズバリ 3割引!!

アクセントカラー＝緑
アクセントカラー＝黄

Ⓔ

★特売品★
一流メーカー
美肌は毎日の洗顔から…
洗顔フォーム
（110g）
345（税込）エン

アクセントカラー＝オレンジ

第二章／プライスカード

プライスカードの基本配色と用紙の形　67

プライスカードに使える図形や飾り

★アクセント的・補助的に使えるシンプルな形を覚えておこう

★即興で使えるシンプルな囲み枠、飾り罫を描けるようにしておこう
（POPの目的に影響しないシンプルなものが良い）

［和風一例］

［洋風一例］

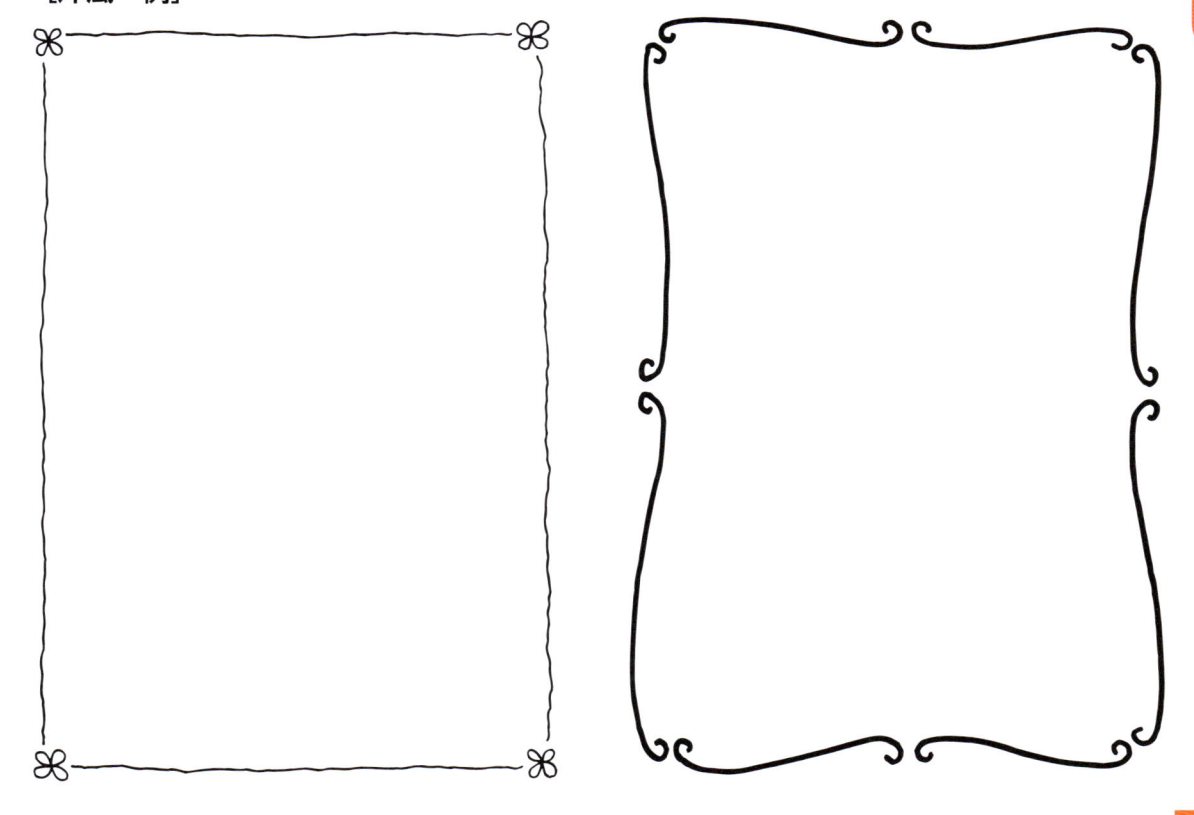

第二章　プライスカード

プライスカードに使える図形や飾り

白色用紙と黄色用紙の使い分け

読みやすさを考えると、白い紙の上に文字を描くのが一般的です。しかし、すべてのPOPが白い紙ばかりだと、売り場の中ではメリハリがなくなります。逆に黄色ばかりでも派手になり過ぎます。

売り出す商品にはいろいろな理由があります。どんな性格を持った売り出し商品なのかを見極めて作成・掲示されなければなりません。

実際の売り場では、そのあたりの区別が曖昧で見直しが必要な店舗も多くあります。

[プライスカード用紙主力の2色]

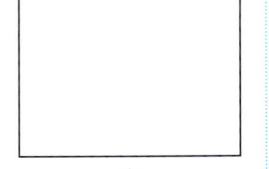

白 [白い紙]
★正価販売の品
★通常のお買い得品
★通常の奉仕品
★チラシ掲載の品
※チラシ特価は除外

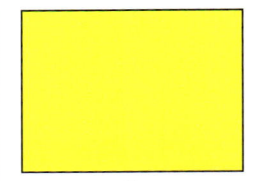

黄 [黄色い紙]
★見切り処分品
★タイムサービス品
★バーゲン品
★在庫処分品
★期間限定品
★超特価品

黄色用紙は特別安い時だけ!

○ 見切り処分品

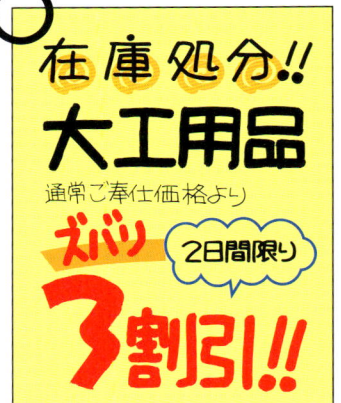

↓おすすめ品なので白色用紙でOK　　↓ズバリお値打ち価格なので黄色用紙でOK

○ 通常の奉仕品なら白色用紙でOK！

△ ※レイアウトは少し問題あり
△ ※レイアウトも少し問題あり　蛍光色の用紙は極力避けましょう。商品の品格を下げるばかりか、見る側も見づらくなります。
△ ※レイアウトも少し問題あり　「おすすめ品」なら白色用紙で！

黄色用紙使用の売り場チェックと改善点

○ [特定の売り出しの特売品]

△ [見切り処分品]

↑ **用紙の色＝○**
用紙サイズ＝△
ペンサイズ＝△
レイアウト＝△

特定の売り出しであることと、鮮魚売り場の活気からしても黄色用紙は妥当な選択です。マーカーのストロークはともかく、文字の大小、メリハリは考えられています。その結果、プライスカードの条件は満たしています。

見切りの迫力を…と言ったところですが、POP用紙が大き過ぎるのと、粗雑感があるレイアウトは考えものです。平台に入れる前のこの状態なら、もう少し商品を生かす工夫が欲しいものです。POPをていねいに描いて買い物の妨げにならない工夫が必要です。

△ [正価販売品] →
用紙の色＝△
用紙サイズ＝△
ペンサイズ＝△
レイアウト＝△

この売り場の状況、訴求内容からすれば、白色用紙で十分と思われます。大切なのはそれぞれの違いを文章で明確にすることです。
さらに、用紙をひとまわり小さくして、用紙いっぱいに描かずに少し中寄りにまとめればすっきりします。

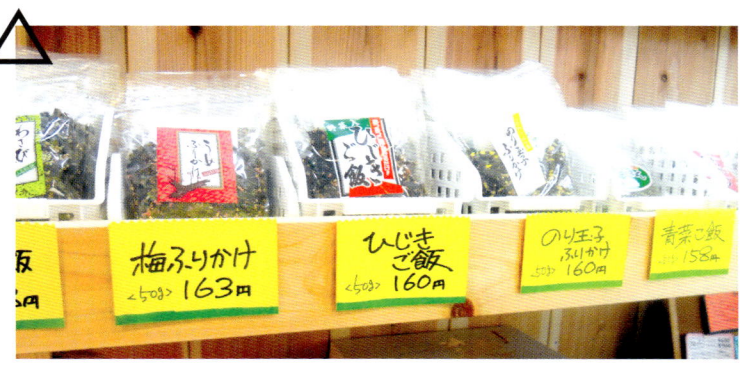

△ ← [正価販売品]
用紙の色＝△
用紙サイズ＝○
ペンサイズ＝△
レイアウト＝△

正価販売のPOPカードです。
このようなケースは白色用紙で十分です。紙のサイズは統一されているので見やすくなっています。ひとことコメントを入れると選びやすくなります。

第二章／プライスカード

応用
プライスカードのいろいろなレイアウト

プライスカードの原稿も様々です。レイアウトの基本に沿って変化させます。用紙サイズの変化とペンの使い分けなどをもう少し詳しく説明します。

B5の1/4サイズ表示

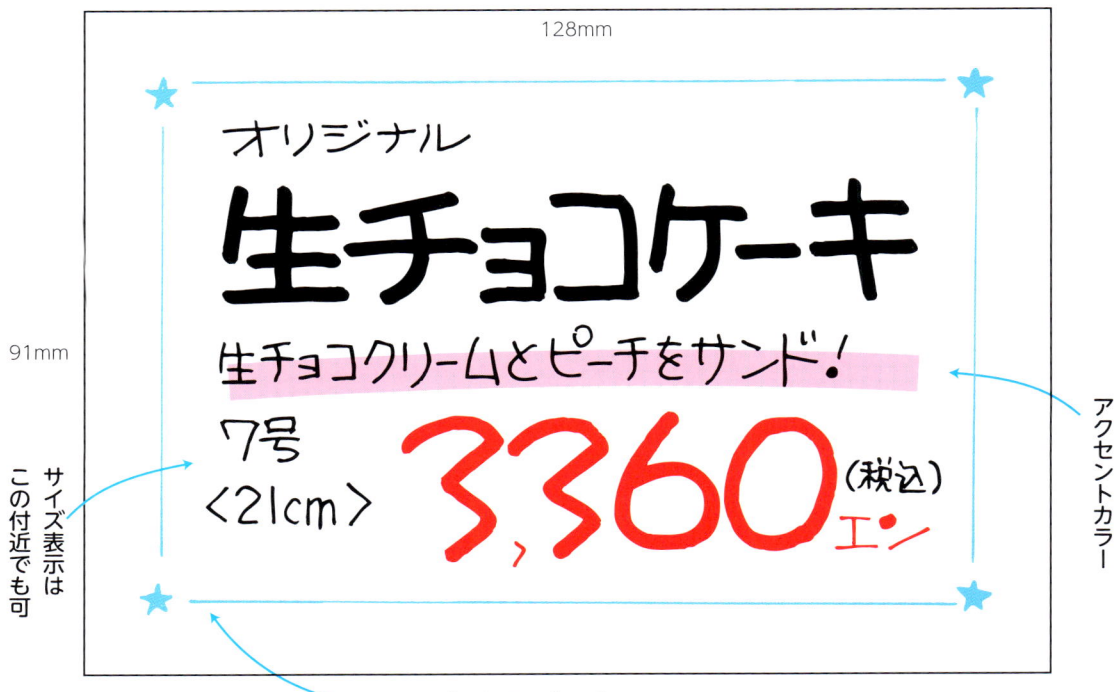

128mm × 91mm

オリジナル
生チョコケーキ
生チョコクリームとピーチをサンド！
7号〈21cm〉　3,360（税込）エン

- サイズ表示はこの付近でも可
- シンプルな囲み枠で飾る
- キャッチコピーにアクセントカラー

B5の1/4サイズ表示

★秋の大感謝フェア★
YAHO 遠近両用メガネセット
★レンズ付一式★
13,000（税込）円

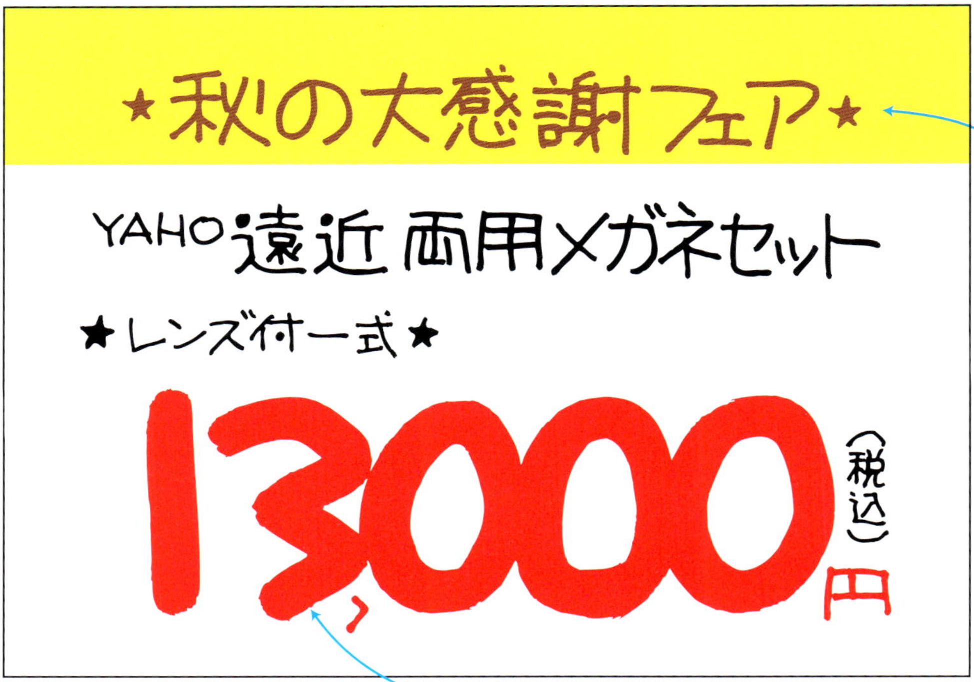

- タイトル回りはシンプルで良い
- フェアなので価格を強調した

ペンの太さは3段階

2mm 丸ペン（丸型）
1mm 丸ペン（丸型）
0.5mm 極細ペン

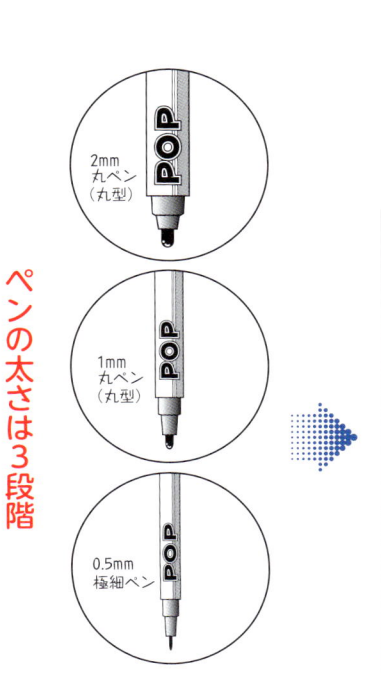

キャッチコピーが多くなれば2行にまとめ、商品名との区別を色分けする

B5の1/8サイズ表示

毎日の食前酒にぴったり！
カロリー20％OFF！
有名メーカー さわやか梅酒
2ℓ 880円（税込）

64mm
91mm

商品名が長くなるようであれば主になる部分のみ大きく、他を小さくする工夫を！

B5の約1/2サイズ表示（85％に縮小）

＝＝オープニングセール＝＝
チェック柄 カジュアルシャツ
ポリエステル65％・綿35％　＜M・Lサイズ＞
通常価格 2,800円を
2,000円（税込）

特売であれば価格は常に大きくする

第二章 プライスカード

プライスカードのいろいろなレイアウト

182mm / B5サイズ（85%に縮小）

★チラシの品★

★サビに強いステンレスハンドル

> スペース的にサイズやカラーが入らない場合はこんな感じでも良い

タウンサイクル

24インチ（シルバー）

> 長い商品名は2行で正体で描く
> 6ミリ丸ペン（平型）使用

9,980円（税込）

257mm

> 特売であれば価格は常に大きくする

プライスカードのいろいろなレイアウト

182mm　　　　　　　B5サイズ（85%に縮小）

★お買得品★

タオルケット
＜140×190cm＞

1,380(税込)円

1,580(税込)円

257mm

文字の変形（長体）の限界！
詰め具合も調整する

プライスが2種類ある場合には安い方を大きくする

第二章　プライスカード

プライスカードのいろいろなレイアウト　75

B5の1/4サイズ表示

128mm

91mm

新鮮なえびとタルタルソースが自慢

極上 えびふらい定食

えびが
デカイ！

1,300（税込）円

ポイントになりそうな部分をアクセントカラーで飾る

和風の飾り罫

B5サイズ（60%に縮小）

モーニングセット

★朝のひととき 朝食にどうぞ……

◎ コーヒー（ホットorアイス）
◎ トースト
◎ みそ汁
◎ ゆで卵
◎ フルーツ
◎ サラダ
◎ ヤクルト

¥380（税込）

内容を見やすくするためと、プライスを大きくするために箇条書きにする

プライスカードのいろいろなレイアウト

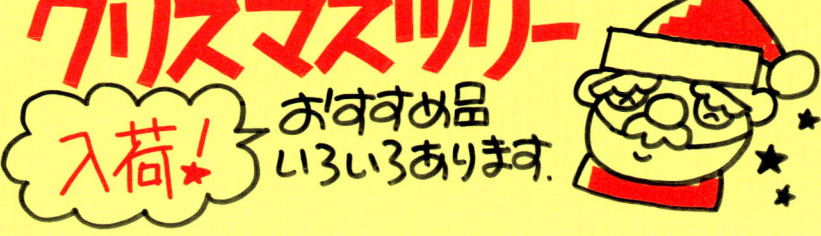

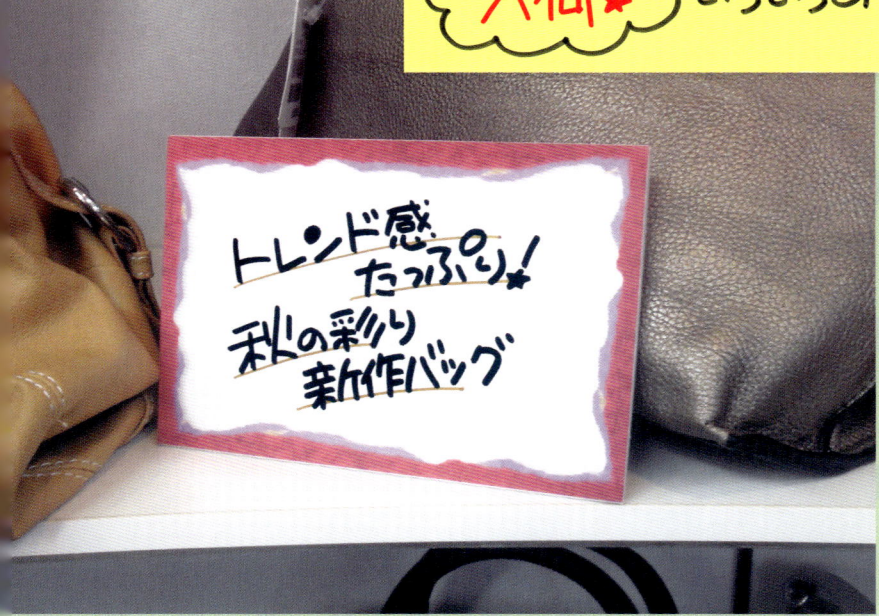

第三章

ショーカード

商品説明や案内をわかりやすくするカード

ショーカードについて

　ショーカード（show card）とは、店頭・店内で使用する販売促進のための説明札、案内札のことです。プライスカードと並んでPOPの代表格です。

下の作例は
処分品の告知をする
ショーカードだよ
安さを強調しているよ

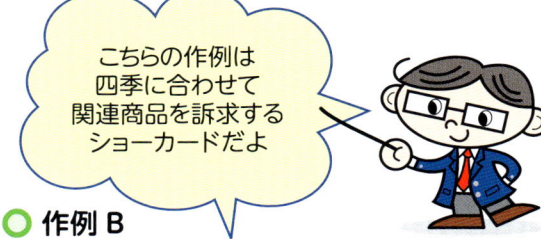

こちらの作例は
四季に合わせて
関連商品を訴求する
ショーカードだよ

○ 作例 A

○ 作例 B

○ 作例 C

このPOPは商品の
良いところを
PRしているよ

78　ショーカードについて

● ショーカードの役割と構成要素

　プライスカードが価格を訴求するものなら、ショーカードは内容や説明、案内を簡単に表現し訴求するものです。ショーカードをつける、つけないでは売り上げに大きく差が出ます。つけるだけで店内に入りやすい、買いやすい、滞留時間が長くなるなどのメリットがあります。

ショーカードの役割
- 色々な商品や案内情報をわかりやすく伝える（すぐに理解できる）
- 店頭・店内に季節感を出したりムードアップする（店を楽しく演出する）
- 販売員の代わりになってPRする（店の思いを伝える）

ショーカードには
●商品説明
●案内やお知らせ
などがあるよ！

　ショーカードのレイアウトの構成要素として、「商品名」「キャッチコピー」「説明文」「イラスト」「飾り」があります。POPの内容によりいずれかで構成されます。
（価格が入るケースもあり）

レイアウトの構成要素
- 商品名
- キャッチコピー
- 説明文
- イラスト
- 飾り

デザイン文字を描こう

手描きでPOP文字を描く時に、タイトルや商品名を目立つようにする場合があります。単にゴシック体で大きく描くのではなく、もう少し何かのデザインを施して見た目を印象強くしたり、色彩で印象を良くしたりする場合です。

文字をデザインして描くことを"レタリング"と言います。レタリングには次の2種類があります。
- ハンドレタリング
- グラフィックレタリング

手描きPOPでは、前者のハンドレタリングを使います。

パソコンで使う書体にはさまざまなものがあります。手描きPOPでは主に、角ゴシック風、丸ゴシック風の2種類を使います。スピーディーに描けるように、ストローク（運筆）をなるべく簡略化して描きます。
簡単なデザイン文字には次のようなものがあります。

★ふちどり　　★影
★ふちどり＋影　★インライン

○ 文字をデザインする前に、太い文字が描けるようにチャレンジしよう！

[基本形ゴシック]

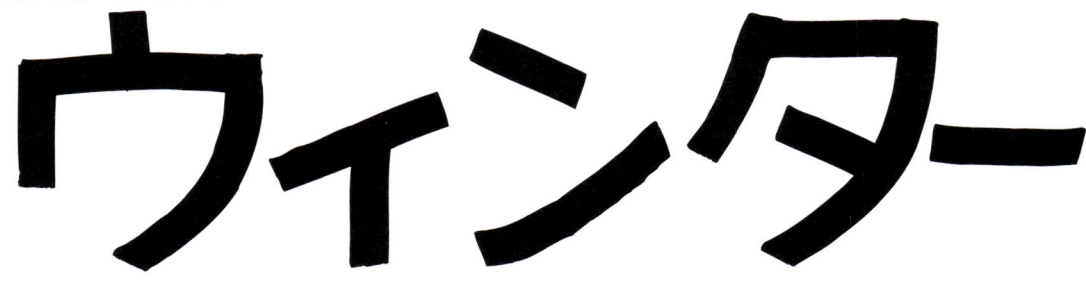

ウィンター

[線を2倍の太さにしてストロークを簡略化] …効果としては、力強くなる

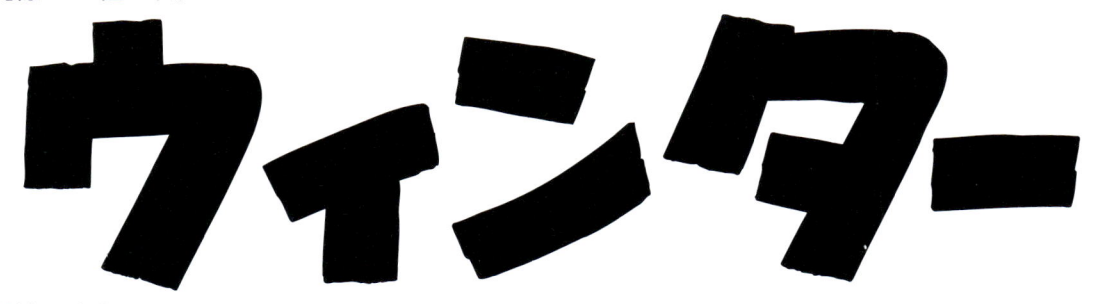

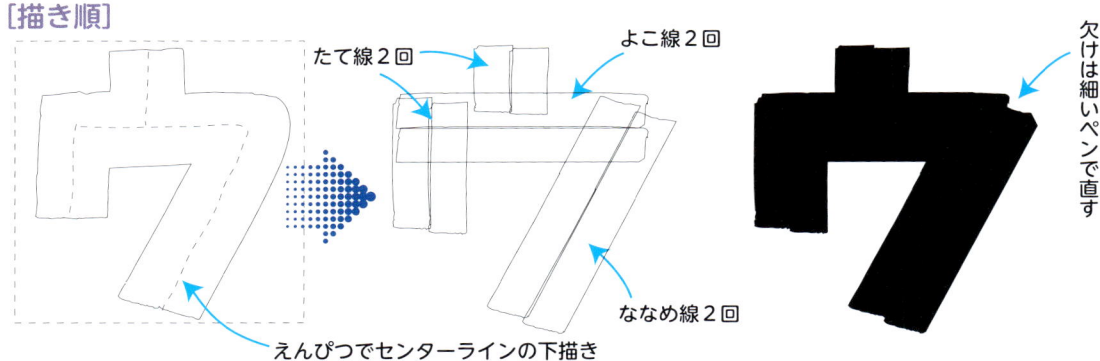

ウィンター

[描き順]

- えんぴつでセンターラインの下描き
- たて線2回
- よこ線2回
- ななめ線2回
- 欠けは細いペンで直す

○ デザイン文字にチャレンジしよう！

[基本形ゴシック]

うるおい

[ストロークを簡略化]

うるおい

[細い線でふちどりしてみる]　…効果としては少し弱めになる

うるおい

[水色に影をつけてみる]　…斜め右下に影をつける＝立体感が出る

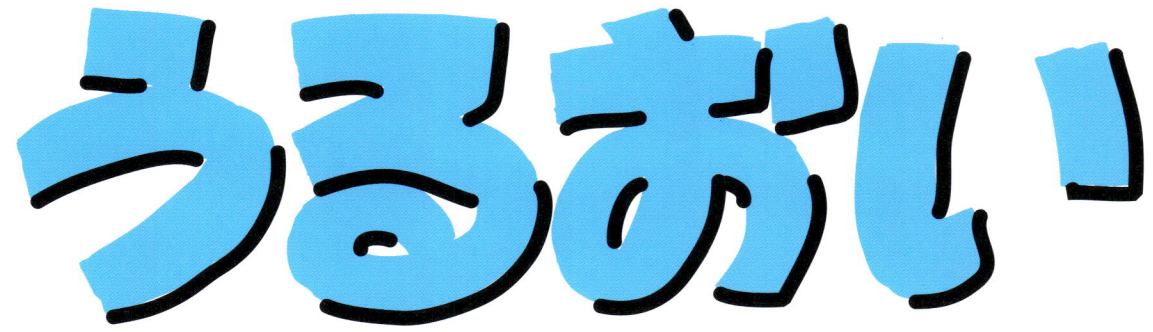

うるおい

第三章／ショーカード

デザイン文字を描こう

［基本形ゴシック］

OPEN

［太いゴシック体］

OPEN

［一文字ずつ傾けてみる］　…効果としては、楽しい感じ

OPEN

［動きをつけてみる］　…わざと水平を崩して動きを出す　**バランス注意！**

OPEN!

デザイン文字を描こう

◯ もっと色を使ってデザイン！

［太いゴシック体］

SALE

［細い線でふちどりしてみる］…白い余白を 2mm くらい空けて黒でふちどる

SALE

［黄色の境目にふちどりをつけてみる］…弱い黄色が強くなる

25%OFF

［赤色の境目に黒いふちどりをつけ、さらに影をつけてみる］…立体感が強くなる

2,500円

第三章 ショーカード

デザイン文字を描こう

［太いゴシック体］　　［部分的に遊びを入れる］　　［インライン］…デザイン的な遊び

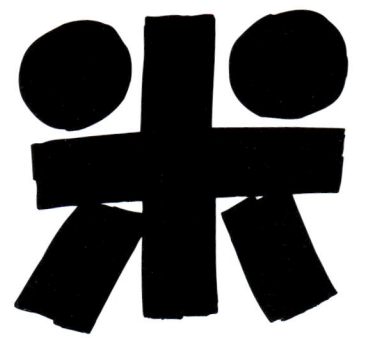

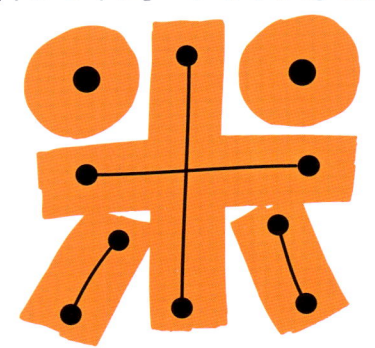

米 米 米

［イラスト風＋影］

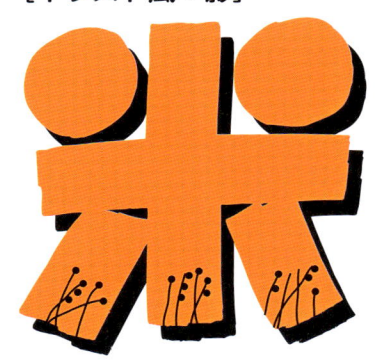

米

基本形がしっかりして
いないと文字が読めなくなる
こともあるよ！
文字を崩し過ぎないことと、
文字を太く描くことを
意識しよう！

［一文字ずつ色を変えてみる］…楽しい感じが出る

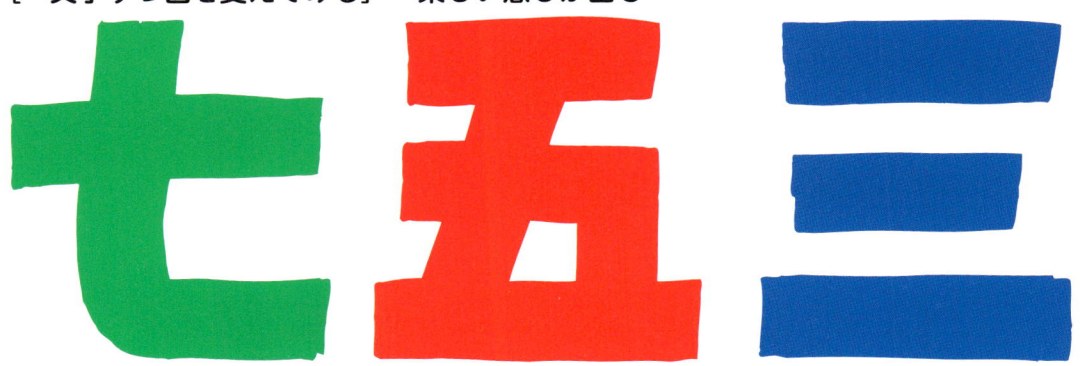

七 五 三

［うすい色で文字を描き、黒いふちどり＋影をつけてみる］

七 五 三

デザイン文字を描こう

ショーカードの文字を目立たせる工夫とデザイン

★基本的に商品名やタイトルを大きく！！

お店に10mm幅ほどの太いマーカーがあればいいですが、ない時は細い幅のマーカーで目立たせる工夫が必要です。

10mmマーカー

5mmマーカー

1回→2回ストロークにチャレンジ

① バレンタイン

② バレンタイン

細いペンでデザインしている

…上2点のサンプルをチェック！
どちらも5mmマーカーを使用しています。

①のサンプルは、1回ストロークで仕上げたもの。②のサンプルは、2回ストロークで仕上げたもの。明らかに迫力が違います。このように細い幅のペンでも2回ストロークすることで目立たせることが可能です。

飾り過ぎ、過剰なデザインに注意！なるべくカンタンな仕上げで手早く作ろう！

★文字を目立たせる手順

1. 商品イメージに合う色を選ぼう。
   …ここではピンク。
2. 用紙の大きさに対して文字の大きさを決めよう。
3. 濃度の足りない色、淡い色で描くときは、ふちどりや影をつけよう。

※色彩については、次のページでさらに詳しく説明します。

第三章　ショーカード

デザイン文字を描こう

色彩について考えよう

★言葉の意味と色の関係

　色は広告を視覚的に豊かにします。イメージに合った色選び、色使いをしましょう。マーカーで描くPOPでは色の数に限界がありますが、それでもイメージ表現はできます。言葉のイメージに沿った組み合わせにしましょう。

　言葉には季節感を直接表すものや色・イメージを連想させるものがあります。また、形を連想させるものもあります。これらはお互いに密接な関係を保っています。言葉・色・形は、広告を作る上でもっとも重要な構成要素となります。

　しかし、イメージをビジュアル化しにくい言葉もあります。そんな場合は、どんな感じを受ける言葉・文章かで色を選びます。落ち着いているのか、明るいのか、安心なのか、清潔なのか、強くアピールしているのかなど、色になりうる要素を考えていきます。

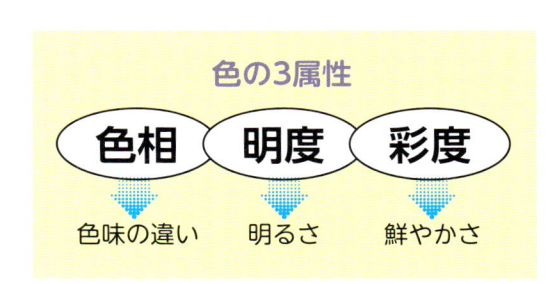

色の3属性

- 色相 → 色味の違い
- 明度 → 明るさ
- 彩度 → 鮮やかさ

色相　色相環

黄橙・黄・黄緑・赤橙・緑・赤・青緑・赤紫・緑青・紫・青紫・青

明度：高い～低い

明度　白絵の具を足すと明度が高くなる

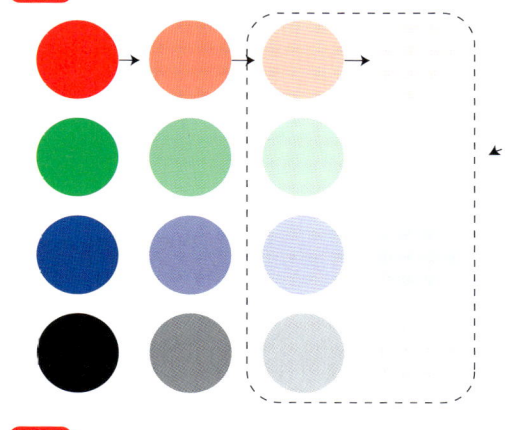

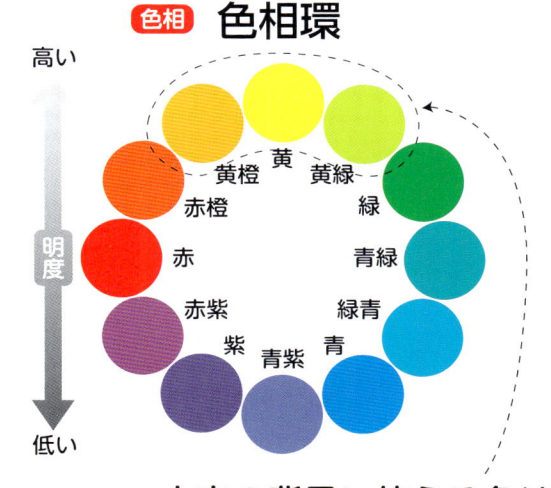

文字の背景に使える色は明度の高い色！

A 安　　B 涼

背景に明度の高い色を使った組み合わせ例

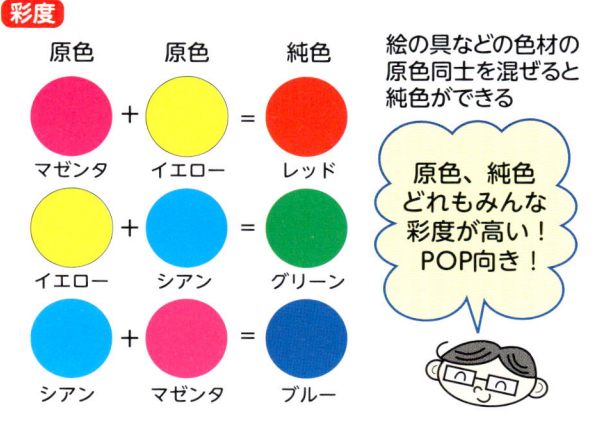

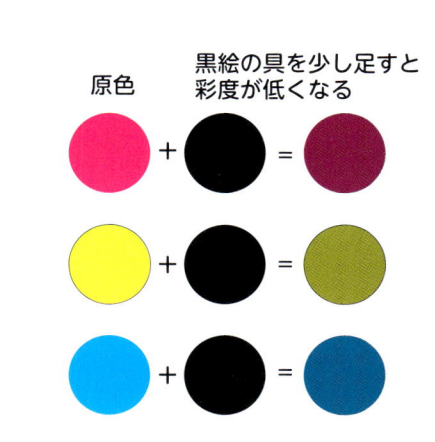

彩度

原色 + 原色 = 純色

絵の具などの色材の原色同士を混ぜると純色ができる

- マゼンタ + イエロー = レッド
- イエロー + シアン = グリーン
- シアン + マゼンタ = ブルー

原色、純色どれもみんな彩度が高い！POP向き！

原色　黒絵の具を少し足すと彩度が低くなる

- マゼンタ + 黒 =
- イエロー + 黒 =
- シアン + 黒 =

○目立つ色とは？
[どんな見せ方があるか考えてみよう]

黒板は明度差だょ〜

純色を使った明度差	極端な明度差	同系色の明度差
激安	ABC	 サマー

POP広告を作る時に大切なことは、"可読性"があるかどうかです。可読性があるということは、読みやすいということになります。このためには、文字にデザインをすることよりも、文字そのものをていねいに書くことです。そのあとにデザインを考えるべきです。

文字が読みやすいか、読みにくいかは明度差によります。差があるほど読みやすさが増します。

> いくら明度差があってもたくさんの色を使い過ぎるとかえって読みにくくなるよ。**色数はなるべく少なく**すっきりと見せよう！

注意！ 明度の高い色を使う場合は、必ずふちどりや影をつけよう。（文字を単体で使う時）

レモン ▶ レモン ▶ レモン
COOL   COOL   COOL

[色の意味やイメージを考えてみよう]

例えば

緑のイメージは…
自然、やすらぎ、安心、いやし、健康など安全のイメージ

緑化

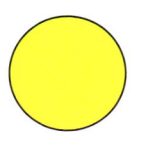

黄のイメージは…
にぎやか、元気、注意、すっぱいなど
風水では変革・変化
宗教的には嫉妬・嫌悪・苦痛

注意！

赤のイメージは…
太陽、炎、血、膨張、発散、爆発、あったかい、熱い、激しいなど

あったか

第三章／ショーカード

色彩について考えよう

タイトル文字＋コピー＋飾りでまとめよう

まずはタイトル文字の"花粉"をいろいろ描いてみよう！

［丸ゴシック］
どのペンでもできるように練習

花粉

6mm
丸ペン
（平型）
練習

［角ゴシック］
どのペンでもできるように練習

花粉

5mm
角ペン
（斜角型）
練習

［特太ゴシック］
文字をデザイン化していこう

花粉

5mm
角ペン
（斜角型）
ダブルストローク
練習

黄色で文字を描き、明度が高いので黒いふちどりと影をつける

春、いやですね

花粉

［文字に影響しない範囲内で飾ってみよう］

★ よりすぐりのチョコがいっぱい！

バレンタイン

素材に100％のこだわり、絶妙のうまさ！

フルーツ大福

みんなで出掛けよう！

桜まつり

第三章／ショーカード

タイトル文字＋コピー＋飾りでまとめよう

89

POP広告におけるキャッチコピー

[キャッチコピーとは？]
　お客様の目線を捉えるもっとも目立つ呼びかけ文のことです。

　POP広告を作るときに商品説明や案内・お知らせの文章表現は欠かせません。POP広告の性質上、一目で理解できる文章量にしなくてはなりません。その際に書く内容が大切になります。最小限必要なことだけをまとめて書きますが、購入の動機になるような"セリングポイント（selling point）＝セールスポイント（sales point）"が書かれていることが大切です。

　セリングポイントとは、物品を購入するときに、もっとも影響する言葉（品質や特性や要点）を効果的に短くしたものです。

セリングポイントのまとめ方
❶ どんなことを書くのか決める。
❷ 要点を少なく絞る。
❸ 文字数を20字前後にまとめる。
❹ お客様の立場で書く。
❺ 難しい漢字は使わない。
❻ 文体は"です・ます調"を基本に。
❼ 外来語はなるべく避ける。
❽ 誤字・脱字のチェックをする。
❾ 擬態語・擬音語を使う工夫をする。
　※サラサラ・ドキドキなど

小型だから旅行に最適！

パリッとして軽い塩あじ！

★メーカーによる説明を短くまとめてみよう

商品＝○○製薬 キズテープ

水やバイ菌を通しませんが、空気や蒸気は通します。防水タイプで通気性が抜群の新素材のテープですから水仕事や入浴も安心です。

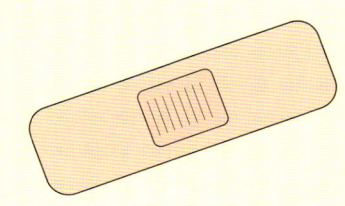

一例 防水タイプで通気性もバツグン！ 水仕事も安心！

商品＝○○製薬 クール鼻炎カプセル

花粉やハウスダストなどによるつらいアレルギー症状（鼻みず・くしゃみ・鼻づまり）でお悩みの方を携帯性・クール感UPでしっかりサポートしていく鼻炎用薬です。水なし1錠でスッと効きます。

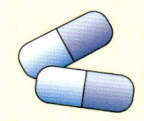

一例 鼻みず・くしゃみ・鼻づまりにスッと効く！

商品＝○○食品 松茸釜めし

香りとコクとうまみが絶妙なあわせダシを使用しています。釜めしはダシが決め手です。具とダシが別々になっているからおいしさ満点！

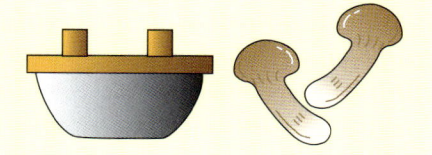

一例 香りとコクとうまみが絶妙な味わいです！

[メーカーの説明文がない時は？]

特に商品のPRポイントがない場合や、他との商品の違いが明確でない場合は、オリジナルで作る以外に方法はありません。その季節からくるイメージやその商品のイメージなどを膨らませて、単語と単語の組み合わせで作るようにします。

> 動詞・名詞・形容詞など
> どんな言葉でも良い。
> 思い当たるだけ書き出して
> 最後に組み合わせを
> してみよう。

> 売り出しタイトルは
> **"春らんまんセール"** で
> 商品は… **ランドセル、くつ、勉強机、リクルートスーツ、腕時計**
> なんだけど…
> キャッチコピーはどうやって作ったらいいのかな？

**カンタンな言葉で
ありふれた言葉で
漢字少なくカナ多く
気の効いた組み立て**

★春の関連キーワードいろいろ

うれしい、ひらひら、花粉症、輝き、おめでとう、フレッシュ、祝う、いよいよ、さわやか、うららか、はじめて、ピカピカ、スタート、春満開、らんらん、桜前線、そよそよ、NEW、キラキラ、花見、ドキドキ、よろこび、プレゼント、ニュース、ふわふわ、香り、芽吹き、息吹き、遠足、さあ始まる、さくら色、ほんのり、巣立つ、あふれる、あざやか、明るい、つくし、あたたかな風、すがすがしく、新しい旅立ち、はじまり、希望、春の色、ダッシュ！、春一番、はずむ心、カッコイイ！、GO！、START、スプリング……

と、いろいろ出たとします。

◆単語と単語に別の言葉を足してコピーの組み立てをしよう

- ピカピカのあなたにさわやかな春の色。
- 足どりも軽く、明日に向かってダッシュ！
- 入学おめでとう。桜パッとひらいたら1年生。
- 注目されています。ピカピカ 社会人。
- 香り ほんのり うまさ たっぷり。

> そうか〜
> こうやって
> 組み立てれば
> いいのね！

第三章　ショーカード

POP広告におけるキャッチコピー

POP広告におけるイラスト

[図形を基本に組み立てる]

ひとくちにイラストといってもそのタッチや仕上げ方法は無限大です。POP広告は直感的に見て判断できることが使命です。そのことから時間をかけずになるべく簡単な線で仕上げることが大切です。下描きの段階で丸・四角・三角などの基本形をもとに考えます。

全体の形・パーツの形がそれぞれにどの形でできているかを考えながらまとめていきます。細かい形をいくつか描くよりも人物なら顔のみとか、季節感のあるものなら何か風刺的なものだけに絞ります。あくまでもアイキャッチャー（目を引くもの）として使いましょう。

カンタンなかたちで！

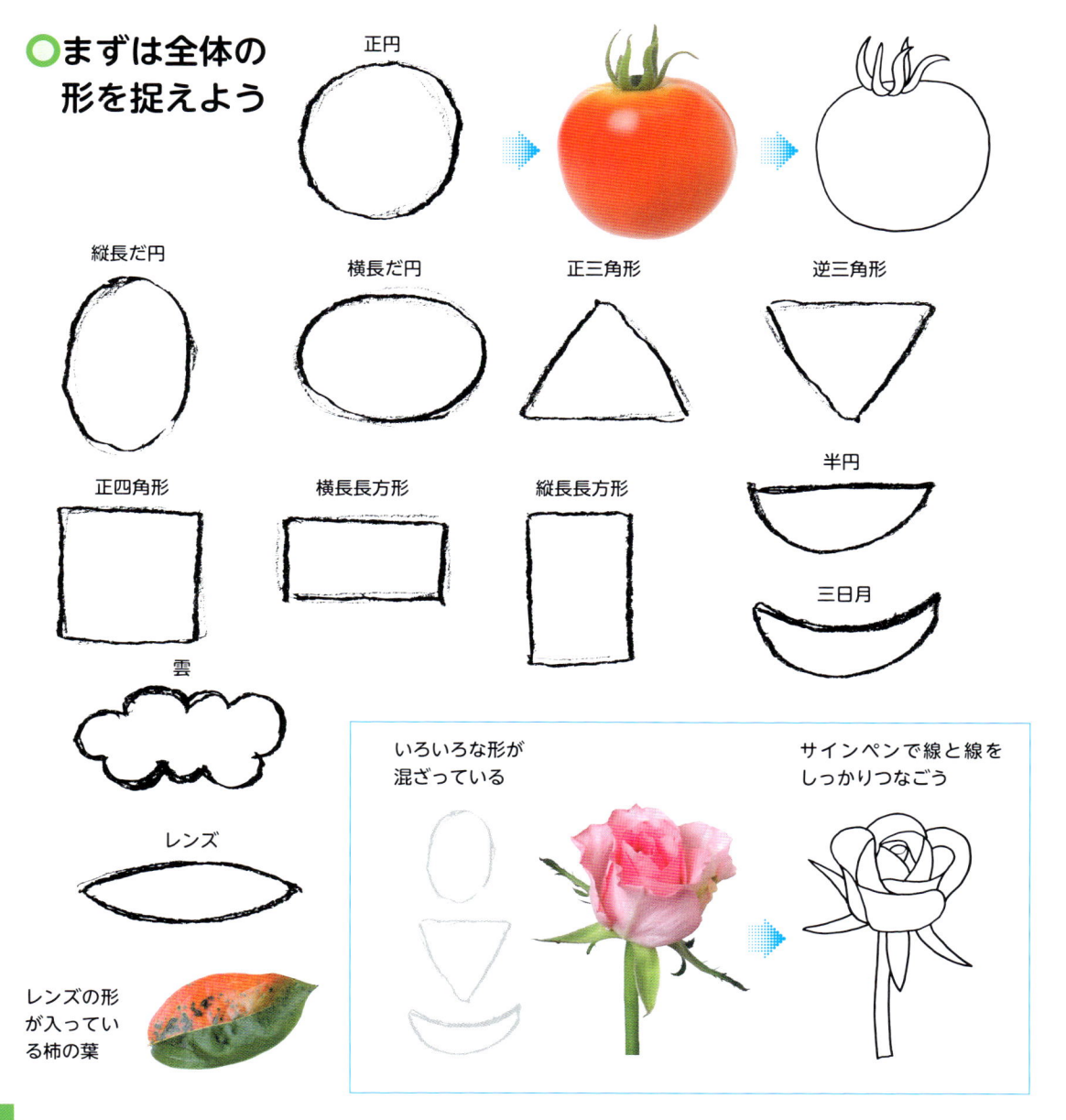

● まずは全体の形を捉えよう

正円

縦長だ円　横長だ円　正三角形　逆三角形

正四角形　横長長方形　縦長長方形　半円

三日月

雲

レンズ

レンズの形が入っている柿の葉

いろいろな形が混ざっている

サインペンで線と線をしっかりつなごう

★丸や四角、三日月形の入ったイラストの仕上げ順

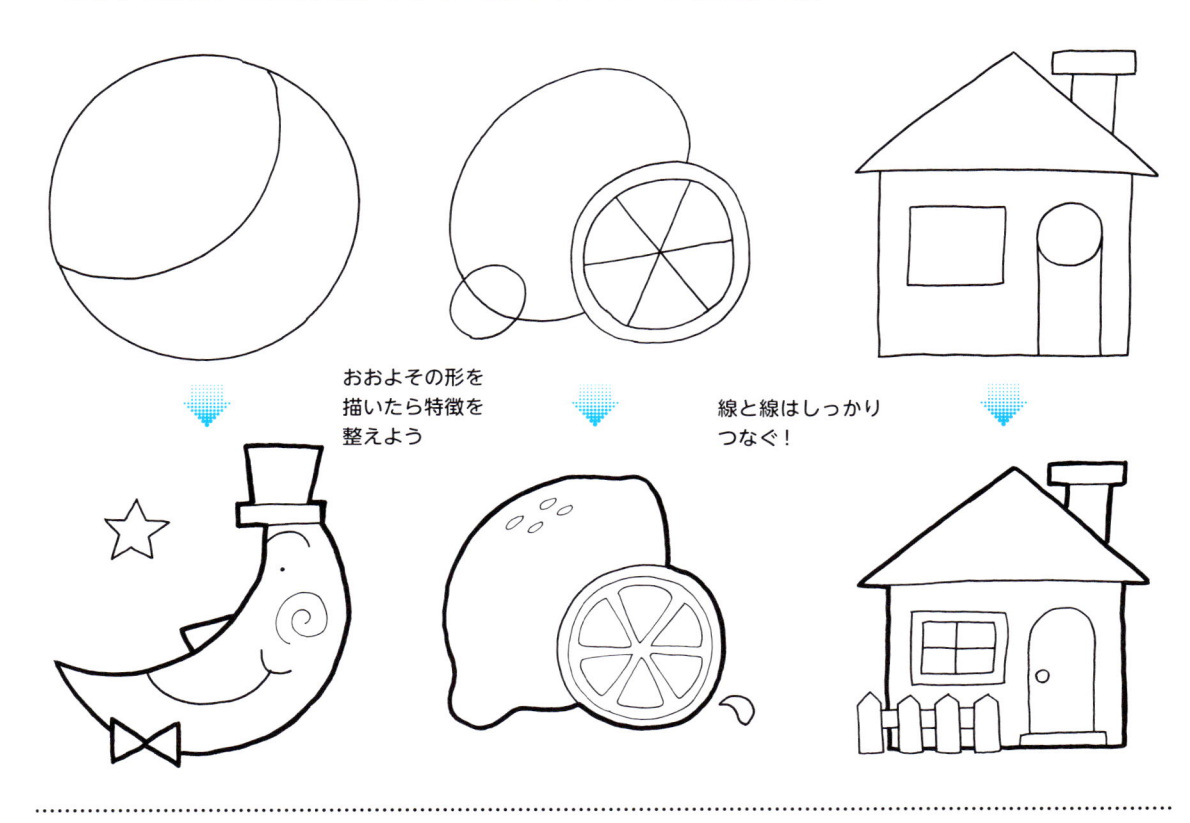

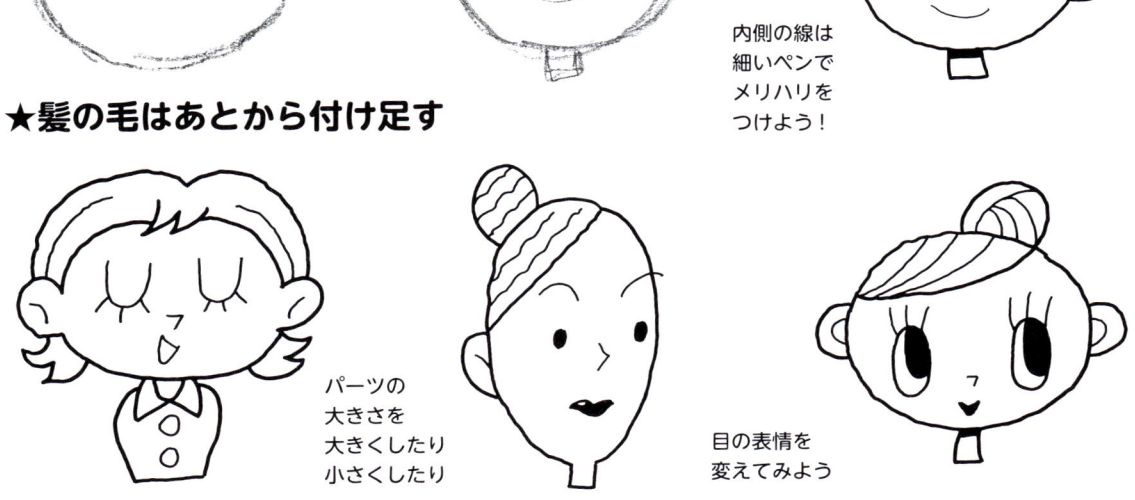

おおよその形を描いたら特徴を整えよう

線と線はしっかりつなぐ！

★人物にも応用してみよう

内側の線は細いペンでメリハリをつけよう！

★髪の毛はあとから付け足す

パーツの大きさを大きくしたり小さくしたり

目の表情を変えてみよう

第三章 ショーカード

POP広告におけるイラスト

★ 人物以外を図形化してみよう

★ マーカーでタッチを変えよう

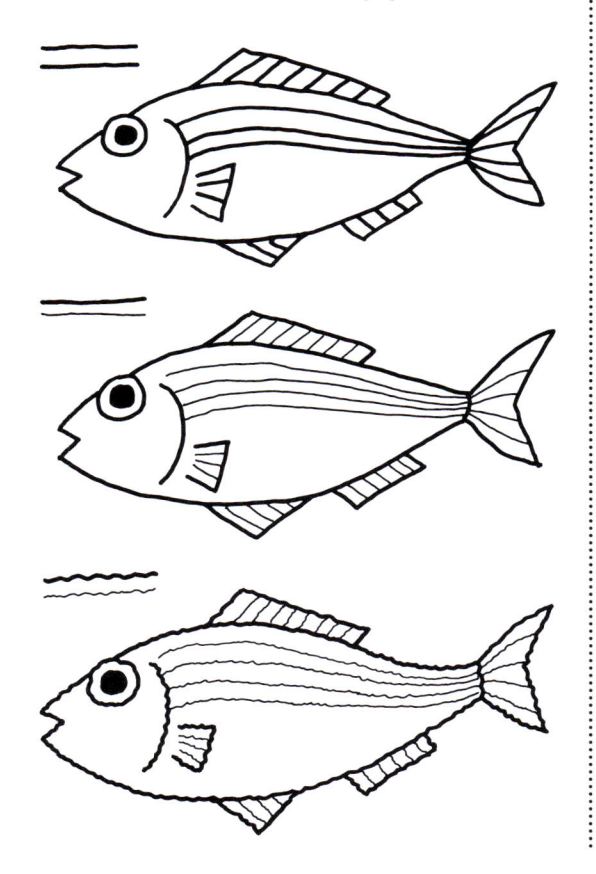

★ 擬人化してみよう

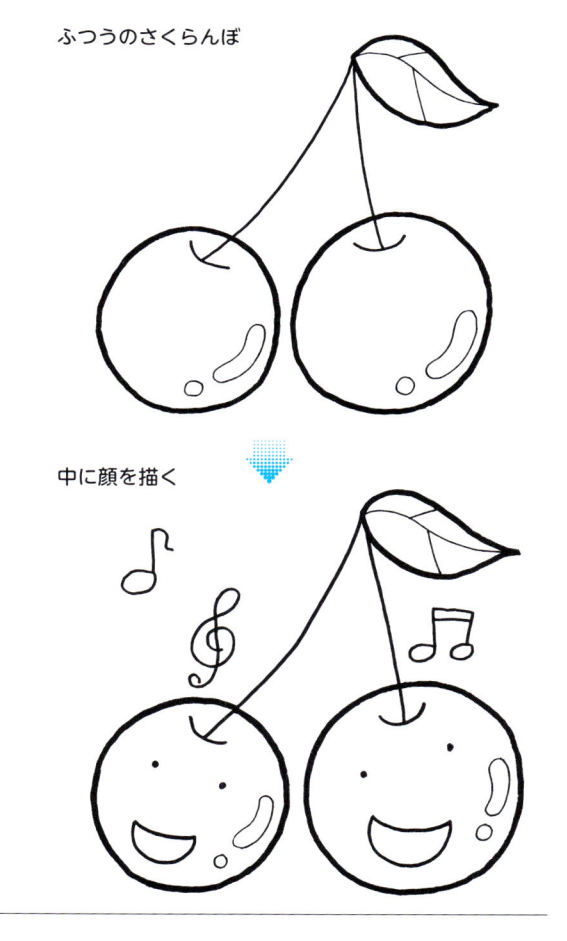

ふつうのさくらんぼ

中に顔を描く

★顔の表情と年齢の描き分け

にっこり

笑う

寝る

食べる

成人男性

成人女性

おじいちゃん

おばあちゃん

★ベビーの描き分け

第三章 ショーカード

POP広告におけるイラスト　95

★いろいろな木の表情

直線的な木

三角と四角

曲線を入れた木

三角と円と直線

三角と円と直線と点

曲線を入れた木

うずまきの木

雲形の木はボリュームがある

雲形をいくつも重ねると生い茂った感じになる

草を入れると木に安定感が出る

半円のヤシ幹を曲線にすると動きが出る

★四季のイラストサンプル

POP広告におけるイラスト

第三章 ショーカード

★ 四季のイラストサンプル

レイアウトについて

[レイアウトとは？]

文字やイラスト、写真などを見やすく効果的に配置することです。

★レイアウトの条件

❶ 目につきやすいこと。
❷ 読みやすいこと。
❸ 主眼点がよくわかること。
❹ 構成が美しいこと。

★レイアウトのポイント

❶ 単純明快に
・何を強調したいのか、商品名かコピーか。
❷ 見やすく
・十分な余白を作ること、用紙の外側から15mm〜20mmは余白を作ること。
・たて、よこ混在レイアウトは避けること。
❸ バランスを考える
・シンメトリーかアシンメトリーか。
❹ 商品イメージを大切に
・どんな文字デザインか、どんな色かなど、商品や季節のイメージを考えること。

見やすくするための余白のあけ具合

```
15mm〜20mm
主にA4、B5、B4、A3
などのスペース
レイアウト面
15mm〜20mm
```

あけ具合は
ざっと
こんな感じ…

★基本レイアウトと目線の移動

よこ描き

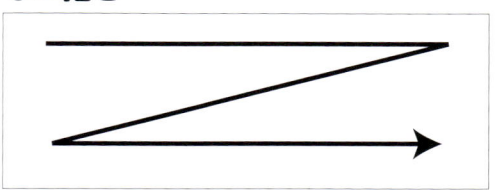

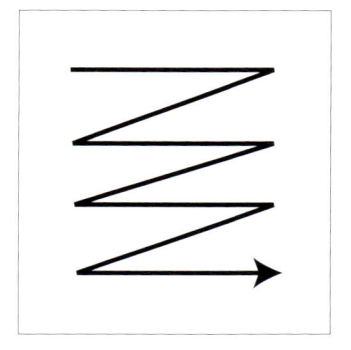

たて描き

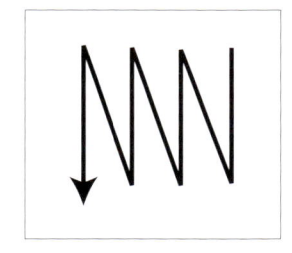

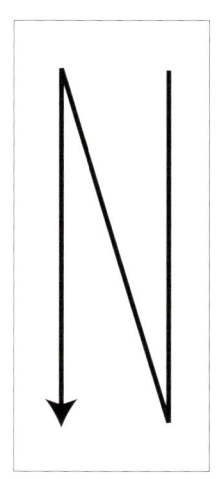

BIGサマーセール
今年の流行をハイセンスにキャッチ！

[レイアウトの中で何を強調するか？]

"大呉服市""キャンペーン""在庫一掃処分"などのタイトルを大きくするのか、"おにぎり""デジカメ""ペット用品"などの商品名を大きくするのかで訴求が変わってきます。これはケースバイケースです。

また、キャッチコピーを大きく描く場合もあります。

それぞれのケースを想定して、以下まとめ方のサンプルを示しました。

商品名強調型
タイトル強調型
キャッチコピー強調型

どれで描こうかな??

〇タイトル強調型（タイトルが全体の半分近くを占めている）

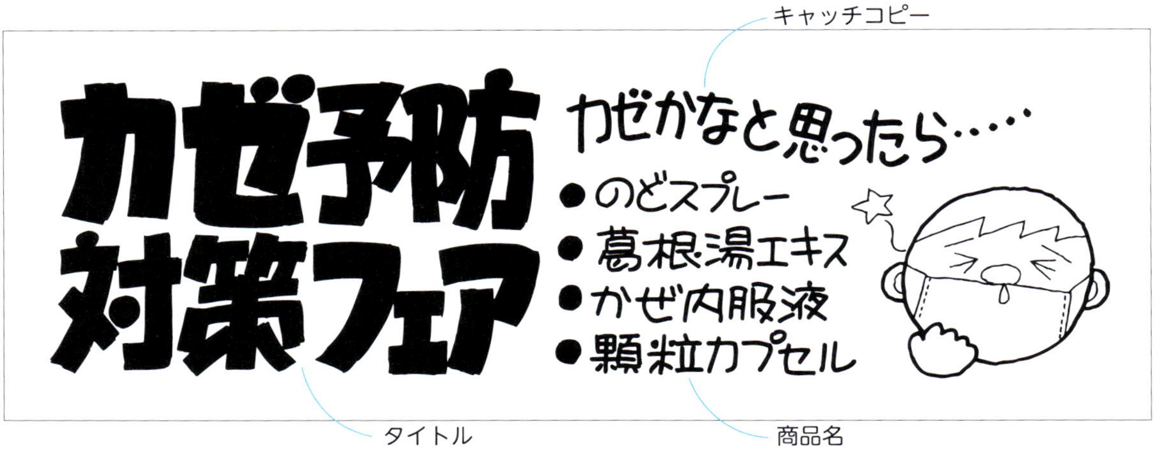

キャッチコピー

カゼ予防対策フェア

カゼかなと思ったら……
● のどスプレー
● 葛根湯エキス
● かぜ内服液
● 顆粒カプセル

タイトル　　　商品名

カゼ予防対策フェア

カゼかな?と思ったら……
● のどスプレー
● 葛根湯エキス
● かぜ内服液
● 顆粒カプセル

色をつけると…

カゼ予防対策フェア

カゼかな?と思ったら……
● のどスプレー
● 葛根湯エキス
● かぜ内服液
● 顆粒カプセル

○ キャッチコピー強調型（キャッチコピーが全体の半分近くを占めている）

カゼ予防対策フェア
カゼかな？と思ったら‥‥
- のどスプレー
- 葛根湯エキス
- かぜ内服液
- 顆粒カプセル

タイトル／キャッチコピー／商品名

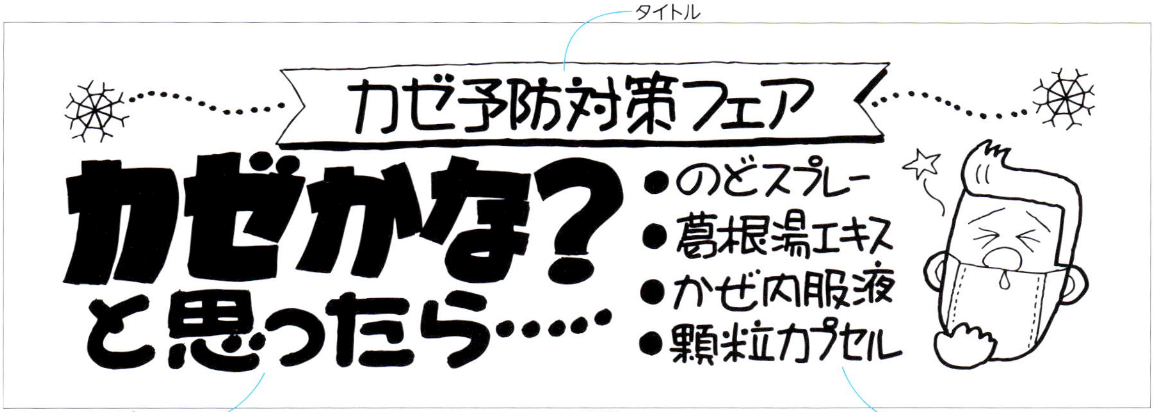

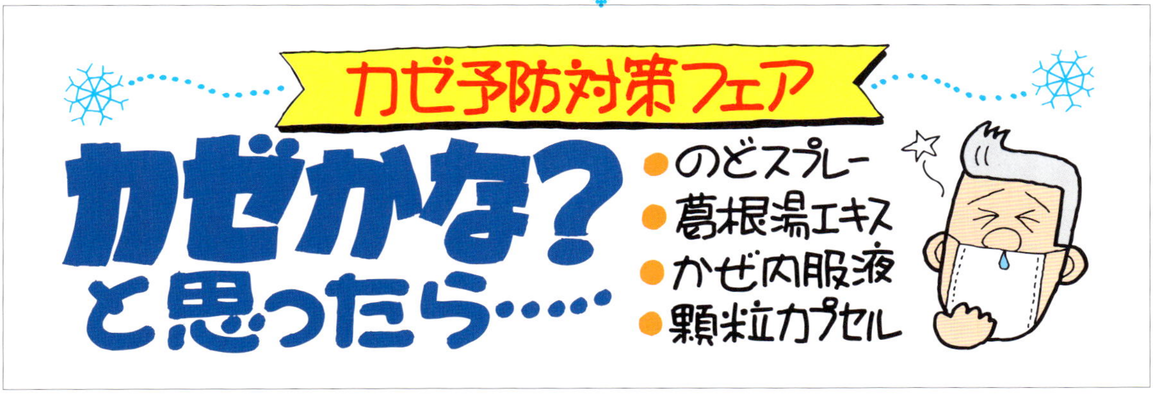

色をつけると…

第三章　ショーカード

レイアウトについて

○ **商品名強調型（商品名が全体の1/3～半分近くを占めている）**

春が楽しみ！
チューリップ
球根セット
●チューリップ20球　●プランター
●球根の土　●球根の肥料

→色をつけると…→

春が楽しみ！
チューリップ
球根セット
●チューリップ20球　●プランター
●球根の土　●球根の肥料

手あれ・肌あれに！
やわらか
クリームS
かさかさのかかとや
手あれをふっくらと
やわらかに整えます

→色をつけると…→

手あれ・肌あれに！
やわらか
クリームS
かさかさのかかとや
手あれをふっくらと
やわらかに整えます

商品名を強調してイラストを入れると…

ちょっと寒くなるとおいしい！
おでん
ひと味ちがう
八丁味噌を
使用しています
●だいこん　●玉子
●はんぺん　●里芋
●ちくわ　●こんにゃく

→色をつけると…→

ちょっと寒くなるとおいしい！
おでん
ひと味ちがう
八丁味噌を
使用しています
●だいこん　●玉子
●はんぺん　●里芋
●ちくわ　●こんにゃく

レイアウトについて

○商品名強調＋価格が入ったケース

よこ描き

本日のみ 通常価格より **20%OFF**
おでん
＠ちょっと寒くなるとおいしい！
お手軽セット
● ちくわ ● 玉子
● はんぺん ● 里芋
● こんにゃく
1セット **320**エン

色をつけると…

本日のみ 通常価格より **20%OFF**
おでん
＠ちょっと寒くなるとおいしい！
お手軽セット
● ちくわ ● 玉子
● はんぺん ● 里芋
● こんにゃく
1セット **320**エン

一部たて描き

※よこ描き、たて描きが混在する場合は、見づらくならないよう描くスペースを上下に分けるなど明確な区別をつけよう

本日のみ 通常価格より **20%OFF**
★お手軽セット
● ちくわ ● 玉子
● 里芋 ● はんぺん
● こんにゃく
おでん
1セット **320**エン

色をつけると…

本日のみ 通常価格より **20%OFF**
★お手軽セット
● ちくわ ● 玉子
● 里芋 ● はんぺん
● こんにゃく
おでん
1セット **320**エン

第三章 ショーカード

レイアウトについて

カゼ予防対策フェア

カゼかな？
と思ったら…

- のどスプレー
- 葛根湯エキス
- かぜ内服液
- 顆粒カプセル

本日のみ 通常価格より **20％OFF**

おでん

＠ちょっと寒くなるとおいしい！

お手軽セット

- ちくわ
- はんぺん
- こんにゃく
- 玉子
- 里芋

1セット **320**エン

第三章 ショーカード

POP広告でビフォー＆アフター

ここでは、実際の売り場の中に使われていたPOP広告を基本的なセオリーに沿って、見やすく効果の上がる形に改善した例をいくつか紹介します。

改善する前の状態を"ビフォー"、改善した後を"アフター"としました。改善点が文字やレイアウトであったり、訴求の内容であったりとさまざまです。

POP広告で売り場改善！

どんな風に改善したのかな

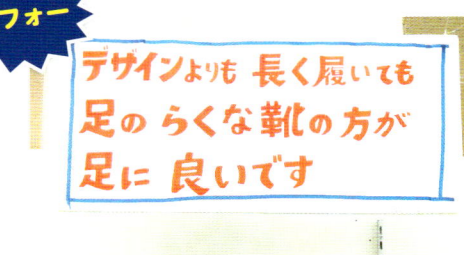

ビフォー

デザインよりも 長く履いても 足の らくな靴の方が 足に 良いです

靴売り場です。スッキリし過ぎたPOPです。要点はわかりやすくなっています。ただポイントの強弱と見せ方の工夫がほしいところです。

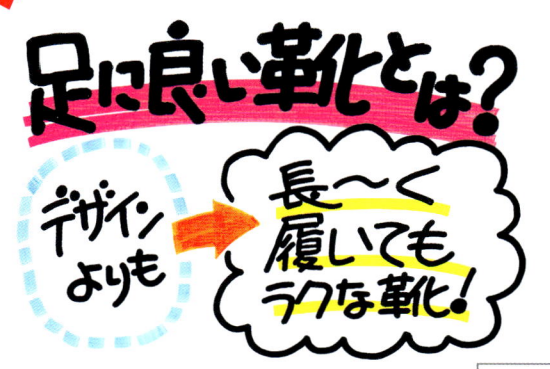

アフター

足に良い革靴とは？
デザインよりも → 長～く履いてもラクな革靴！

❶ 打ち出すポイントを、疑問を投げかけるところに置きます。
❷ 次に結論の部分を簡単に描きます。
❸ 余分な色をたくさん使わなくても文字の大小と、飾りのみで仕上げればOKです。

上のPOPにイラストを加えました。その分文字は小さくなりますが、影響のない程度にします。

イラストを入れることでアイキャッチ的効果が出ます。足元のイラストだけでも良いでしょう。

足に良い靴とは？
デザインよりも → ラクな靴！長く履いても

ビフォー

要点はかなり絞られていますが、問題は、商品名と説明がほぼ同じ大きさで描かれている部分です。もう少し文字にメリハリをつけたいところです。

商品説明強調という点では役割が果たされている POP です。

改善例 2- 価格強調型

① プライスカードなのですが、価格は控えめにして説明の部分に大きくウェイトをかけた仕上がりです。

② 用紙は基本的に白を使います。その上で目立たせるところには、黄色や赤を配色します。アンダーラインはブルーでも良いでしょう。

アフター

アフター

改善例 2- 価格強調型

① こちらは価格を強く打ち出した POP です。上の売り場内では、訴求する点がおそらく違いますが、一つの打ち出し方として紹介します。

② 説明文の順序をメリットから先にレイアウトした例です。

③ 価格を強く訴求する場合には、用紙の半分くらい使っても良いでしょう。

第三章 ショーカード

POP 広告でビフォー＆アフター 107

ビフォー

冷凍庫に並んだ干物をPRするPOPが良い形で作られ、取り付けられています。内容的にも良くできたPOPです。文字のメリハリも効いています。さらに個々の商品にも訴求を強めたいところです。

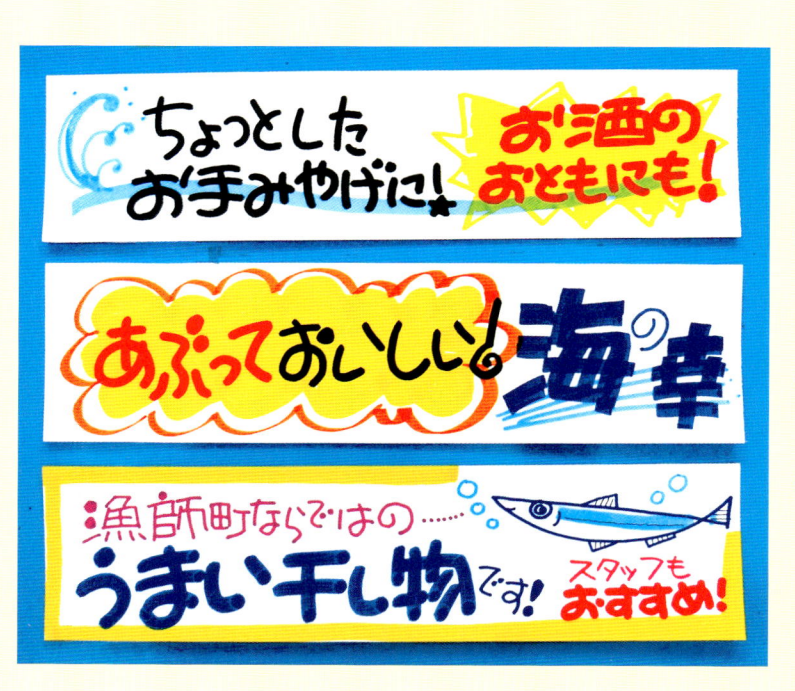

アフター

① 取り付けの注意点は、霜が付く場所なのでラミネート加工をしっかりすることです。
② 用紙のサイズは商品を隠さない大きさを考えることも大切です。
③ POPの内容は個々の特徴的なことではなく、お土産としてのおすすめや食べ方などが良いでしょう。イラストを入れて楽しくしましょう。

第四章

応用編

POP広告にコラージュを活用する

プライスカードやショーカードを作る場合、マーカーや筆だけでは手描き表現に限界があります。そこで一工夫して、写真や千代紙（和風の柄）などを部分的に貼り合わせてムードを高めます。これをコラージュ（※ここでは糊付け）といいます。

市販のカード類にも使えるものがありますが、時と場合で使いにくいものもあります。こんな時はケント紙などを使って自分で作ります。特に注意すべき点は、商品のボリュームに合わせてサイズを決めることです。

いろいろなタイプの市販のカードがあるのね…イメージに合わせて使わないとね！

市販のカードは使い分けが必要！

● 商品＆ディスプレーと考え合わせながら作ることが大切！

ここでは和菓子のミニディスプレーを想定しながらショーカード作りを説明します。商品は"さくらもち"です。年中ある商品ですが、春先の頃には一段とムードを高めて売りたい和菓子です。

コラージュをするために、スペースに合わせて破られた千代紙

● 〈仮定〉現在のディスプレーの様子

上のディスプレーに商品説明をしたショーカードをつけるとします。できるだけ味わいのあるPOPが欲しいところです。そこで左の千代紙をコラージュします。

どれくらいの分量をPOPに使えばいいのかしら？用紙の大きさ・色・柄を考えることが必要になりそう…

おみやげに 京都嵐山の さくらもち

とろけるようなやさしい食感 上品な甘さのこしあんが しっとりなじみます 口いっぱいに桜の葉の 香りが広がります

POP広告にコラージュを活用する

● 余白を生かしたレイアウトでは、色を使いすぎない！

文字を黒ばかりでなく、たまには茶色にしたり…

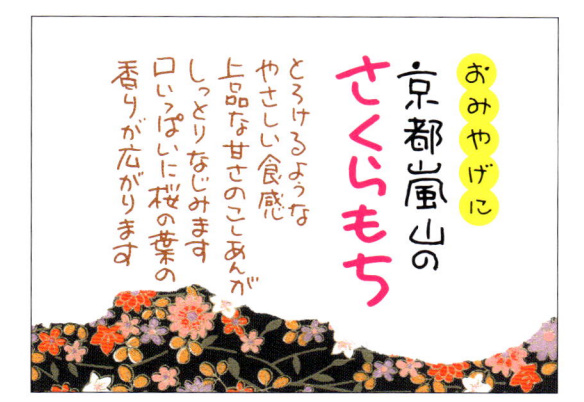

淡いピンク色の用紙程度なら背景に使っても影響ありません

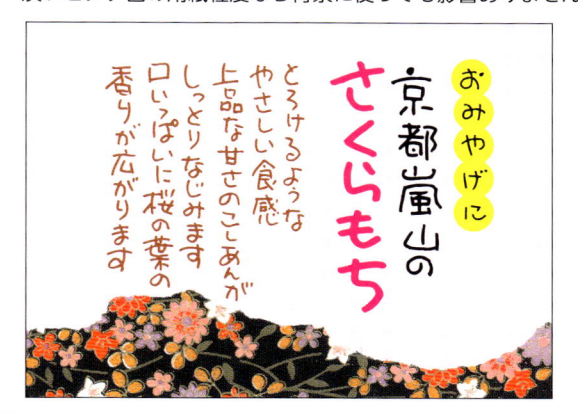

おみやげに
京都嵐山の
さくらもち

とろけるような
やさしい食感
上品な甘さのこしあんが
しっとりなじみます
口いっぱいに桜の葉の
香りが広がります

完成！

商品を引き立てるには
演出の小物の色も
暗くならないように
することが大切ね！

　上の写真ではショーカードを背面に置いていますが、売り場のスペースによって、商品の左右どちらかに置くこともあります。大切なのは、商品の顔が良くわかるようにすることです。
　商品が"さくらもち"であることから、春らしい演出の小物をまわりに添えると、より一層商品が引き立ちます。

第四章　応用編

POP広告にコラージュを活用する

コラージュPOPの作り方
…ショーカード作成

[原稿]

キャッチコピー = 紀州発 / スッキリさわやかはちみつドリンク
その他コピー = おすすめBEST3 / 紀州の素材にこだわった本物のおいしさをお届けします！
飲み方 = 焼酎割りで！　かき氷に！　氷水で割って！
商品名 = はちみつレモン / 梅はつみつ / しょうがはちみつ
内容量 = 〈各〉185ml入り
※（有）野村養蜂園 提供
★商品写真とイメージ写真あり

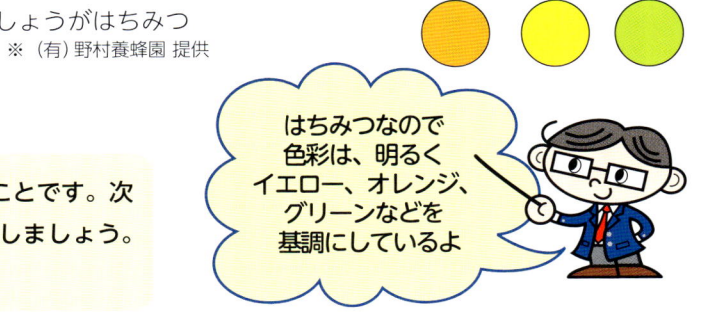

ポイント まずはキャッチコピーを大きくすることです。次に写真をわかりやすくその近くに配置しましょう。その他は控えめにします。

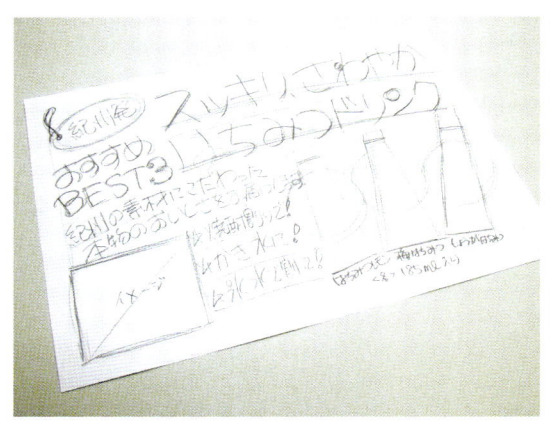

はちみつなので色彩は、明るくイエロー、オレンジ、グリーンなどを基調にしているよ

売り場と原稿量を考えて用紙はA3を使用します。もっとも言いたいことを上から順に描きます。

キャッチを目立たせるためにふちどりと影をつけます。単調にならないように色も変えます。

写真を貼る部分にアクセントカラーを塗ります。商品ラベルから色を考えると良いでしょう。

その他のコピーは黒を基本にします。他で色を使いすぎているため、ここは控えめに仕上げます。

商品写真はデジカメで撮影したものをプリントするのが手早くできます。瓶の形に沿って切り抜いた方がよりわかりやすくクローズアップされます。

写真の貼り方は直立よりも、少し傾けて貼る方が目に留まりやすいでしょう。動きがついているようにも見えます。この場合、商品名も下に入るので上下左右に余白をとっています。とりあえずラフ通りです。

[完成]

文字がやや多いですが、サイズがA3なので売り場の中では読みやすくなっていると思います。用紙が小さくなると読みにくくなります。キャッチと写真でわかりやすくしたPOPです。

第四章　応用編

コラージュPOPの作り方…ショーカード作成

毛筆でPOPを描く!

<洋風も和風も毛筆一本で自由自在!>

　ここでは毛筆と墨汁を使ったPOP広告の作り方を紹介します。書道の基本ではなく、図形や絵の一部分を描くように文字を描きます。POP書道のノウハウを一部分のみ簡単に解説します。

　マーカーとは異なって、毛筆のストロークの自由度は非常に柔軟性が高く、筆一本で細くも太くもかすれなども表現できます。ストロークを安定させないとバランスのとれた文字にはなりませんが、ていねいに描けばPOPとしても十分に活用できます。

　レイアウトにおいては、大きな文字の部分を毛筆で描いて、小さな文字の部分をマーカーで描く方が仕上がりとしては読みやすいでしょう。文字の色は当然の事ながら"黒"ですから、色マーカーなどでアクセント的に色付けをしておいて仕上げるようにします。

○ 書道ができなくてもOK!

ほんのりした甘さ　やさコンカレー

毛筆の使い方…墨と水を含ませる量について

墨汁は絵の具のように使おう!

<墨汁を水でうすめたり、原液のまま使ってもOK!>

① 水で筆をしなやかに

筆を水につけて、柔らかくします。余分な水はコップの端でしごいておきます。

② 墨を含ませる

筆を加減なく全部墨につけます。

❸ 墨のしごく量は、描く文字の太さで変わる

| 細い字の時 | 少し太い字の時 | 太い字の時 |

余分な墨をしごいて筆先がとがるようにていねいに整えます。

墨のしごく量を半分くらいにとどめます。ある程度墨を筆に含んでください。

墨をしっかり筆に含ませて、あまりしごかないでそのまま使います。

文字の太い・細いは筆先のおろし加減 …勢いよく！

ポイント 細い線を描くので墨をよくしごいておきましょう。

スピードをつけながら最後を流すストローク

指を下につけると安定します。

細い線は先端だけを使ってスピーディーに

第四章　応用編

毛筆でPOPを描く！　115

基本ストロークにチャレンジ！！

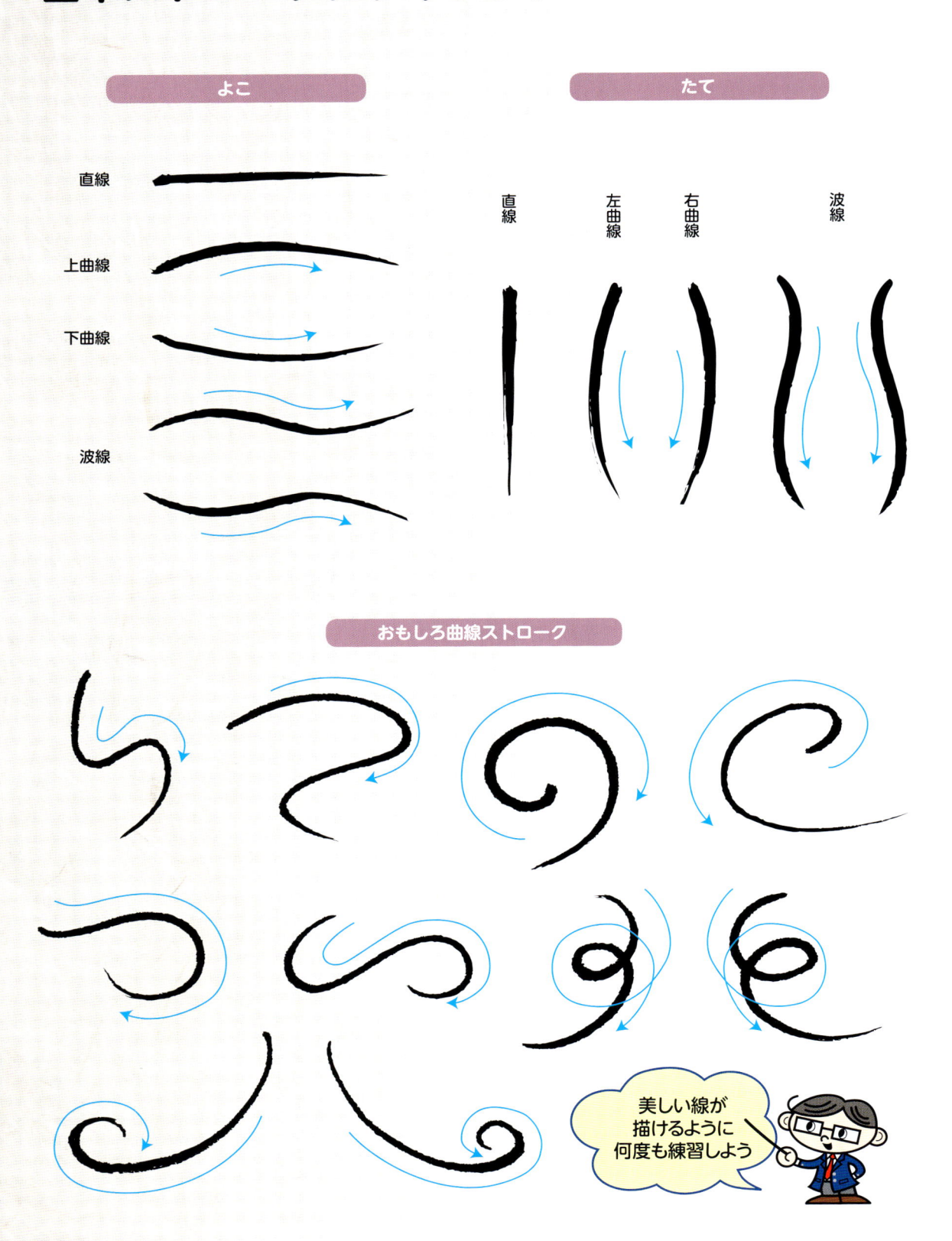

よこ

- 直線
- 上曲線
- 下曲線
- 波線

たて

- 直線
- 左曲線
- 右曲線
- 波線

おもしろ曲線ストローク

美しい線が描けるように何度も練習しよう

少し筆先をおろした曲線ストローク

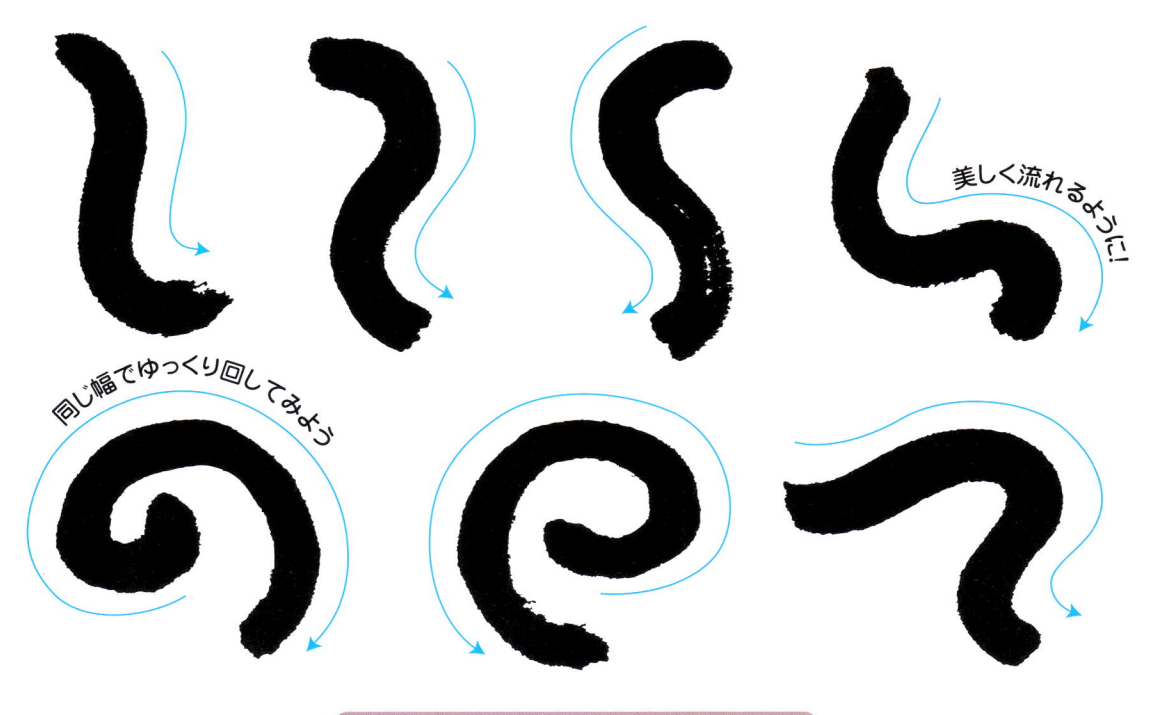

美しく流れるように！

同じ幅でゆっくり回してみよう

筆先を全部おろした曲線ストローク

細かくくねらす動き

少し内寄りに細かく回し込んでみよう

第四章 応用編

基本ストロークで図形を描く
四角形を描く！

まずは**筆の先端を使って**細い線で描いてみよう。

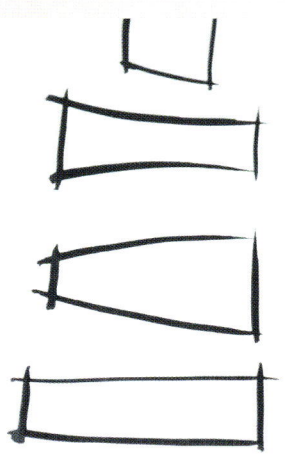

文字は直線や曲線で組み立てられています。箱型でできた文字をいろいろな四角形として捉えながら、また、形を崩しながらストローク練習してみましょう。

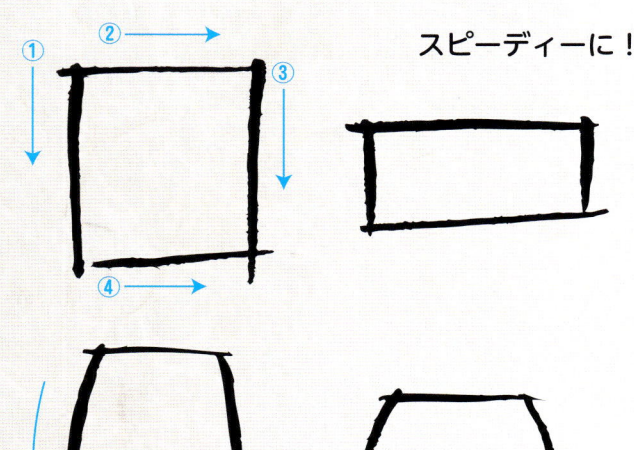

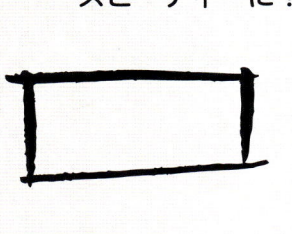

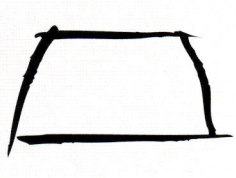

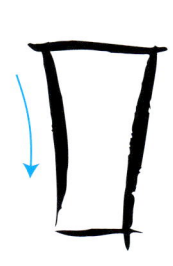

スピーディーに！

★文字の一例

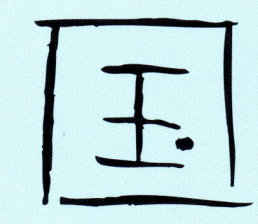

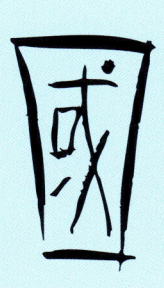

| まっすぐな文字 | 膨らんだ文字 | 細長い文字 | へこんだ文字 |

いろいろなストロークで文字に味付けをする

筆の先を使って直線で四角形を描く

文字の中でへこんだ四角形を描く

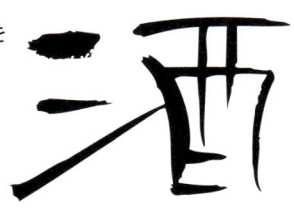

文字の中で丸い四角形を描く

文字の中で点や丸を描いて組み合わせる

太い線を中心に方向もバラバラに組み合わせる

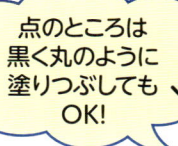

・小粒納豆の食感と
だしの効いたタレが
おろしたての大根と
よく合います！

小粒納豆

点のところは
黒く丸のように
塗りつぶしても
OK！

第四章　応用編

毛筆でPOPを描く！

文字を形として捉えていろいろアレンジしてみる

いろいろな数字を描いてみる

数字の基本形は、マーカーで描く時と同じようにマス目いっぱいに仕上げます。

258円

【慣れてきたら少しずらしたりしてバランスをとる】

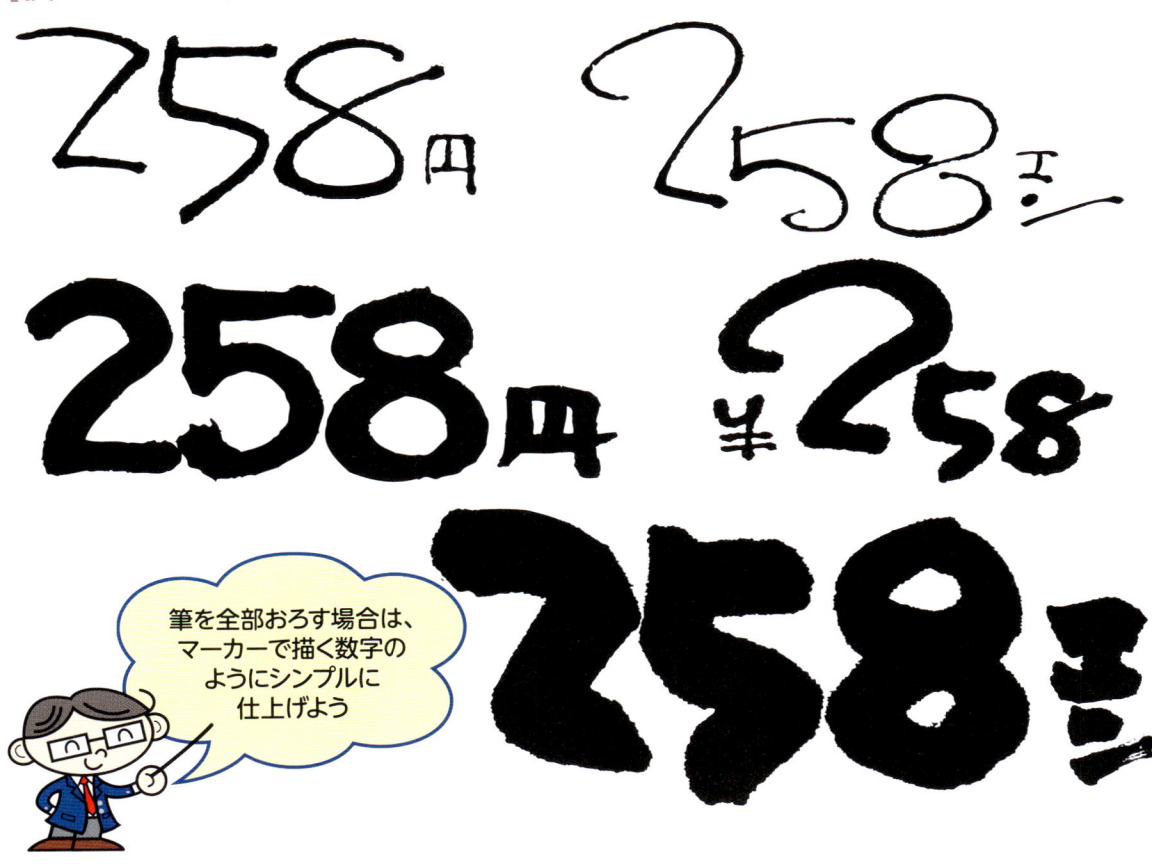

258円　258エン

258円　¥258

258エン

筆を全部おろす場合は、マーカーで描く数字のようにシンプルに仕上げよう

【さらにストロークに太い・細いところを織りまぜる】

¥3,850　7,000エン

20,000 YEN

第四章　応用編

毛筆でPOPを描く！　121

POP作例

風味豊かな味わい 小豆の旨さが口いっぱいに……

北海道産 小豆使用

栗ぜんざい

地元
農家の朝市

まがった大根
へこんだトマト
虫くいナスなど

1袋
50エン

おすすめ
赤ワイン
トラピオ・モナストレル2002
甘やかでジャミー
口当たりなめらか！
うまみが凝縮!!
1,980エン

ボード用マーカーで ブラックボード POPにチャレンジ！

店頭で注意を引かせるならブラックのコントラスト！

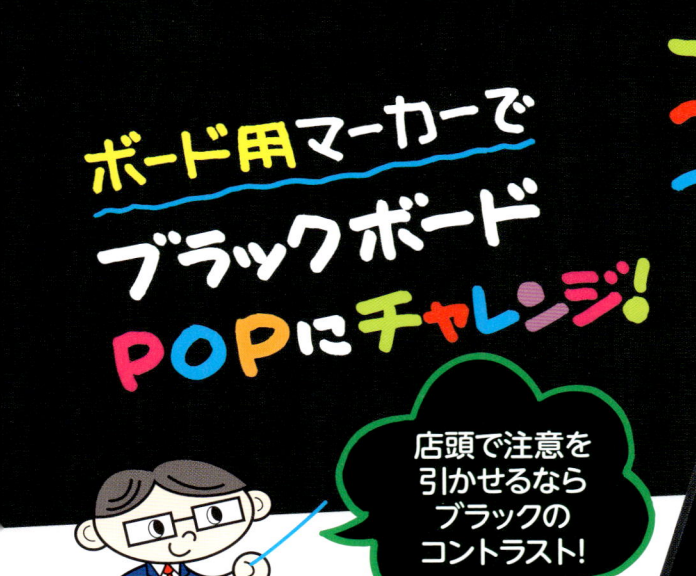

ここではブラックボードを使ったPOP広告の作り方を紹介します。今までと同じ基本のマーカーの使い方で、ブラックボードやブラックペーパーにPOPを描くテクニックを解説します。

ブラックボードには専用のボード用マーカーを使います。間違って描いても簡単に消すことができます。通常のマーカーとは発色が異なり、鮮やかな色が出ます。もっとも明度の低い"黒"に対し、明度・彩度が高い色を使うことで画面が引き立ちます。店頭など通路沿いにおいては非常に訴求度が高いPOPツールです。

レイアウトにおいては、手描きの基本と同じ方法で仕上げます。商品名やPR文にすべて明るい色を使って描きます。カラフルになりやすいので色の使い過ぎに注意しなければなりません。

● ボード用マーカーの一例

● ブラックボードの一例

ブラックペーパー以外にも、カラフルなミラーコート紙ならボード用マーカーで描けます。

イーゼル型や壁掛け型、プレート型などいろいろなサイズが揃っています。小さなものは名刺サイズくらいのものまであります。

第四章 応用編

ボード用マーカーでブラックボードPOPにチャレンジ！　123

店先で効果あり！ブラックボード POP

[メリット]
1. 店頭で特に目立つ
2. 描き直しカンタン
3. ペーパーコスト削減

[デメリット]
1. 消えやすい
2. 手が汚れやすい
3. 少量生産

ボード用マーカーの色サンプル例

上記の POP 広告は、8色のボード用マーカーを使用しています。色彩の見本として制作しました。（この見本については、色数が多すぎるので実用としては良くありません）

市販のボード用マーカーは、原色、純色などの明確な色で揃えられ、水性顔料系インクが用いられています。

目立つわけ
明度が高い！
彩度が高い！

カラフルにしすぎることは POP 広告の本意ではないよ。

[注意！]
お店の中全体をブラックボード POP 広告ばかりにすると、POP だけが強調されすぎて、商品を殺す結果になりかねないので取り付ける場所を計画的に決めておきましょう。

[サンプル紹介]

ボード用マーカーでブラックボード POP にチャレンジ！

ブラックボードPOPの描き方

[原稿]
キャッチコピー＝本まぐろ　本日入荷！
商品名＝ねぎとろまぐろ丼
価格＝780円
イラスト＝まぐろ

どこを目立つようにすればいいのかな？

① コピー用紙などに鉛筆などでラフデザインを描いておきます。

② ラフデザインを見ながら、汚れないように上から順に描きます。"本まぐろ"はオレンジくらいで。

③ "本日入荷！"は大切なので、ここはピンクで。

④ ねぎとろまぐろ丼はあっさり目に黄か白で。

⑤ "780円"は黄やオレンジでもOK。

第四章　応用編

ボード用マーカーでブラックボードPOPにチャレンジ！

⑥

イラストの中を塗ります。

カンタンに消せる!

細かいところの修正は、綿棒に少し水をつけて…

大きな部分は、ぬらしたティッシュでサッと拭くだけ！修正もラクです。

[完成]

本まぐろ
本日入荷!
★ねぎとろまぐろ# 780ェ

店頭入り口にイーゼルなどを活用してPRするPOPです。まぐろが本日入荷したという点を大きくPRします。また、イラストで目を引く工夫をします。代わりにまぐろの写真や調理例を写真でコラージュするのも良いでしょう。

[デザイン文字も入れてみよう]

ふちどり文字にもチャレンジ！

ハイブリッド車

★どれくらいガソリン代が お得になるか！
シュミレーションできます♪
→詳しくはスタッフまでお気軽に！

[ペーパーによる見え方の違い]

　基本的にボード用マーカーが合うのはブラックペーパーですが、その他にミラーコート紙の赤・紺・緑なども使えます。配色に注意しましょう。

アオリイカにおすすめ！
ダート マックス シリーズ だよ！
★小さい力で メリハリ アクション 可能です！

ブラックペーパー

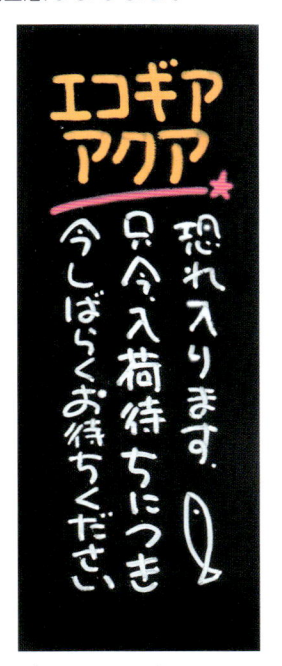

エコギア アクア
恐れ入ります 只今、入荷待ちにつき 今しばらくお待ちください

ブラックペーパー

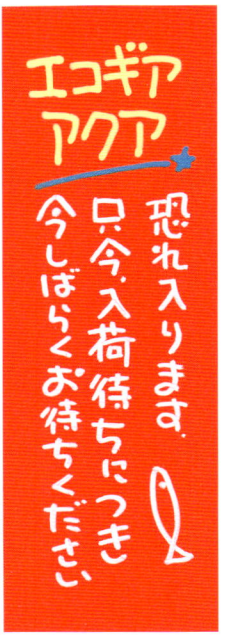

エコギア アクア
恐れ入ります 只今、入荷待ちにつき 今しばらくお待ちください

ミラーコート紙（赤）

アオリイカにおすすめ！
ダート マックス シリーズ だよ！
★小さい力で メリハリ アクション 可能です！

ミラーコート紙（紺）

第四章　応用編

ボード用マーカーでブラックボードPOPにチャレンジ！

主な経歴
1979.3	名古屋芸術大学 美術学部 商業デザイン科卒
1999.12	NHK総合TV『オトナの試験』に出演（POP広告クリエイター1級として）
2008.4	あいちビジネス専門学校 手描き・パソコンPOP非常勤講師
2010.9	三重県農林水産支援センター 食の魅力づくり支援アドバイザー
2011.4	トヨタ名古屋自動車大学校 ショールーム科 POP特任講師
2012.4	中小企業支援ネットワークアドバイザー
	現在に至る。

受賞歴
1989.8	全国POPデザイン特選受賞
1991.8	全国POPデザイン大賞受賞
1992.9	関西POP協会POP大賞受賞

《モットーとしていること》
"ていねいに" "わかりやすく" "具体的に"。
特にPOP広告ではこの3つが大切です。POPを描く時も教える時もこのことを忘れないようにしています。今現在も各メーカー、全国各地の商工会議所にて手描きやパソコンを使ったPOP講習会、また、POP販促の改善指導を行なっています。講習でもっとも人気なのが"マーカー＆POP書道スペシャル講座"です！

ホームページ
http://www.ccn.aitai.ne.jp/~chu666/index.html

Eメールアドレス
chu666@ccn.aitai.ne.jp

さとう ちゅうせい（佐藤 忠生）
POP広告販促アドバイザー
グラフィックデザイナー
POP書道クリエイター

画材協力	株式会社ササガワ（P12・P110：タカ印POP用紙）	
	株式会社レイメイ藤井（P123：蛍光ボードマーカー、ポッププレート）	
商品協力	有限会社野村養蜂園（P112～113：はちみつ飲料）	
■ カバー＆本文デザイン・DTP	棚澤 剛大（有限会社マニュスクリプト）	
■ イラスト（P92～P98）	佐藤 忠生	
	宮部 富子	
	山下 郁子（株式会社ニコフィーバルーンパーク）	
■ 編集	中村 愛（株式会社マール社）	

売り場改善のプロが教える
売れる!! 手描きPOP

2012年10月20日　第1刷発行
2019年1月20日　第3刷発行

著　　　者	さとうちゅうせい
発　行　者	田上 妙子
印刷・製本	株式会社大熊整美堂
発　行　所	株式会社マール社
	〒113-0033　東京都文京区本郷1-20-9
	ＴＥＬ　03-3812-5437
	ＦＡＸ　03-3814-8872
	URL　http://www.maar.com/

ISBN978-4-8373-0539-2　Printed in Japan
©Chusei Sato, 2012
※乱丁・落丁の場合はお取り替えいたします。